Josephine

Thorsten Latzel

Queres aus der Quarantäne

Geistliche Gedanken zur Pandemie

Theologische Impulse 3

Impressum

Das Werk einschließlich aller seiner Teile ist urheberrechtlich geschützt. Jede Verwertung außerhalb der Grenzen des Urheberrechtsgesetzes ist ohne Zustimmung des Autors unzulässig und strafbar.

Bibliografische Information der Deutschen Nationalbibliothek:
Die Deutsche Nationalbibliothek verzeichnet diese Publikation in der Deutschen Nationalbibliografie; detaillierte bibliografische Daten sind im Internet über http://dnb.dnb.de abrufbar.
© 2020 Thorsten Latzel
Lektorat & Korrektorat: Anette Latzel, Satz: Thorsten Latzel
Cover-Gestaltung: Rainer Stenzel
Coverfoto: Mylene2401; www.pixabay.com.

Herstellung und Verlag: BoD – Books on Demand, Norderstedt
ISBN: 978–3–7519–7259–8

Inhalt

Vorwort 7

1. Zehn Gebote für die Corona-Zeit 9

2. Seuchen, Pestilenz und Schwarzer Tod 13

3. Wir müssen über Sterbebegleitung und Trauer-Arbeit in der Pandemie reden! 23

4. „In Einsamkeit mein Sprachgesell" 29

5. Gut gegen Wohnungs-Koller – Von der Kunst zusammenzuleben und allein zu sein 37

6. In Gottes Ohr – Das Gebet der Fremden, Witwen und Waisen in Zeiten der Not 43

7. Viren, Leid und das Böse – Wieso es wichtig ist, wie wir über die Pandemie reden 49

8. Warum die Auferstehung unglaublich, aber plausibel ist 55

9. Sehen-Können und Nicht-immer-sehen-Müssen –
Von der Gnade der Kurzsichtigkeit 69

10. Ausnahme ist das neue Normal –
Vom Umgang mit Wüstenzeit 77

11. Vermisste Klänge –
Kirchenmusik in Zeiten von Corona 85

12. „Und führe uns (nicht) in Versuchung" –
Vom Auszug aus der Quarantäne 91

Psalmen anders 97

1. Psalm 1 invers 98

2. Familien-Klage 99

3. In Wochen ohne Worte 101

4. Frühstück-Hüpf-Gebet 102

5. Morgengebet für Langschläfer 103

Anmerkungen 105

VORWORT

Die Pandemie hat viele Fragen aufgeworfen – verschiedenster Art. Nicht nur virologische, medizinische oder politische, sondern auch ethische und geistliche: Wie gehen wir in Zeiten von Krisen und Krankheiten miteinander um, gerade auch mit den Schwächsten der Gesellschaft? Was kann Beten helfen, wenn Menschen einsam und sprachlos sind? Wie verhalten sich Viren, Leiden und die Wirklichkeit des Bösen? Was gibt uns Hoffnung angesichts der täglichen Präsenz von Infektionen, Todeszahlen? Und: Wie sorgen wir dafür, dass Menschen um Gottes willen nicht alleine sterben müssen?

In der Zeit des kollektiven Lock-Downs von März bis Mai 2020 habe ich versucht, Antworten darauf zu finden. Keine einfachen Lösungen, aber Ansätze, um innerlich zu verstehen. Um Orientierungen zu gewinnen: für mein Denken, Fühlen, Handeln. Dabei habe ich viel von den „Alten" lernen können: davon, wie Menschen früher mit Seuchen und Pestilenz umgegangen sind. Von der Sprachkraft biblischer Geschichten, besonders der Psalmen. Und von dem intensiven Gespräch mit anderen Menschen, insbesondere den langen Waldspaziergängen mit meiner Frau. Entstanden sind daraus zwölf theologische Essays, die ich als „Queres aus der Quarantäne" per Mail und in den sozialen

Medien mit anderen geteilt habe. Für die sehr große Resonanz, die ich auf die Beiträge erhalten durfte, möchte ich mich bei allen bedanken. Dies war für mich gerade in den wirren ersten Wochen eine Form dessen, was Martin Luther früher als eine der Grundformen beschrieben hat, in der uns Gott heilsam begegnet: durch wechselseitiges Gespräch und Trösten der Geschwister[1]. Ich freue mich, wenn ich selbst mit den Texten anderen Menschen innerhalb wie außerhalb unserer Gemeinden eine Hilfe sein konnte.

Das Buch bietet die Beiträge in chronologischer Reihenfolge, ohne wesentliche, inhaltliche Überarbeitung, nur ergänzt um einige Fußnoten und Quellenangaben. Die Essays spiegeln so einen Reflexionsprozess aus der Anfangsphase der Covid-19-Pandemie in Europa. Die Einschätzung der Pandemie und ihrer sozialen wie individuellen Folgen hat sich natürlich zwischenzeitlich stark weiterentwickelt. Da uns das Virus und seine Folgen aber noch lange beschäftigen werden, können sie hoffentlich weiter eine Hilfe für eine geistliche Auseinandersetzung mit Corona sein. Zudem habe ich am Ende einige Gebete aus der Reihe „Psalmen anders" ergänzt, die ebenfalls in dieser Zeit entstanden sind.

Mein herzlicher Dank gilt den vielen Menschen, die zum Entstehen der Essays beigetragen haben. Besonders Frau Karin Weintz und Herrn Jonathan Horstmann für die großartige kommunikative Unterstützung (oft auch am Wochenende). Herrn Rainer Stenzel für die kompetente gestalterische Unterstützung. Und natürlich meiner Frau Anette, die alle Lesenden und mich vor mancherlei inhaltlichen, stilistischen und orthographischen Irrläufern bewahrt hat. Vielen Dank!

1. ZEHN GEBOTE FÜR DIE CORONA-ZEIT
(13. März 2020)

Das Wort „Quarantäne" geht ursprünglich auf das lateinische Zahlwort quadraginta, „vierzig", zurück.[2] Es bezeichnete früher die vierzigtägige Isolation, die man im Mittelalter ab dem 14. Jahrhundert zum Schutz vor Pest und Seuchen über Reisende oder Schiffe verhängte – in Aufnahme alter biblischer Reinheitsvorschriften (3. Mose 12,1–8). Noch in den 1960er Jahren wurden in Deutschland bei Pockenausbrüchen infizierte Menschen zum Teil ohne medizinische Versorgung in Schullandheimen isoliert.

Während der Covid-19-Pandemie erleben wir gerade eine umfassende gesellschaftliche Quarantäne – mitten in der vierzigtägigen Fastenzeit vor Ostern. Ich glaube, dass es gut ist, wenn wir diese Zeit nicht depressiv als „Seuchen-Opfer" erleiden, sondern aktiv und kreativ mit ihr umgehen. Und dass es gut ist, wenn die Pandemie das Beste von dem herausholt, was in uns steckt – so dass wir uns im Nachhinein vielleicht einmal über das „Gute im Schlechten" wundern werden. Dafür kann die Fastenzeit als Zeit des Umdenkens und der Besinnung hilfreich sein.

Ein anderes Wort für Quarantäne im 19. Jahrhundert war Kontumaz, von lateinisch contumacia: „Trotz", „Unbeugsamkeit". Die Corona-Auszeit sollte so eine Zeit sein, in der wir Haltung zeigen. Fromm formuliert eine gute Mischung aus Nächstenliebe, Gottvertrauen und innerem Rückgrat.

Auf Martin Luther geht der schöne Gedanke zurück, dass ein glaubender Mensch jeden Tag „neue Dekaloge" entwerfen könne. Deshalb hier ein Versuch:

Zehn Gebote für die Corona-Zeit

1. Du sollst Deine Mitmenschen lieben, komm ihnen aber gerade deswegen nicht zu nahe. Übe Dich in „liebevoller Distanz". Auf Deine Gesundheit und die Deiner Mitmenschen zu achten, ist immer wichtig. Jetzt kann es lebenswichtig werden.

2. Du sollst nicht horten – weder Klopapier noch Nudeln und schon gar keine Desinfektionsmittel oder gar Schutzkleidung. Die werden in Kliniken gebraucht, nicht im Gäste-Klo zu Hause.

3. Die Pandemie sollte das Beste aus dem machen, was in Dir steckt. Keinen Corona-Wolf und kein Covid-Monster, sondern einen engagierten, solidarischen Mitmenschen.

4. Du solltest ruhig auf manches verzichten. Quarantäne-Zeiten sind Fasten-Zeiten. Dafür gewinnst Du andere Freiheit hinzu. Das passt sehr gut in die Zeit vor Ostern.

5. Du sollst keine Panik verbreiten. Panik ist nie ein guter Ratgeber, zu keiner Zeit, gesunder Menschenverstand und Humor dagegen schon. Deshalb hör auf Fachleute, beruhige andere und schmunzele über Dich selbst. Da macht man erstmal nichts falsch und es trägt sehr zur seelischen Gesundheit bei.

6. Du solltest von „den Alten" lernen. In früheren Zeiten von Seuchen und Pestilenz, als es noch keine so gute Medizin wie heute gab, half Menschen vor allem ein gesundes Gottvertrauen und die tätige Fürsorge für einander. Das ist auch heute sicher hilfreich.

7. Du solltest die Menschen trösten und stärken, die krank werden, leiden oder sterben. Und auch die, die um sie trauern. Sei der Mensch für andere, den Du selbst gern um Dich hättest.

8. Du solltest anderen beistehen, die deine Hilfe brauchen – Einsamen, Ängstlichen, Angeschlagenen. Oder Menschen, die jetzt beruflich unter Druck geraten. Das hilft nicht nur ihnen, sondern macht Dich auch selber frei.

9. Du solltest frei, kreativ und aktiv mit der Pandemie umgehen. Dazu sind wir von Gott berufen. Du wirst am Ende vielleicht überrascht sein, was sie Positives aus Dir und anderen herausholt.

10. Du solltest keine Angst vor Stille und Ruhe haben. Wenn die Quarantäne zu mehr Zeit zum Umdenken, zum Lesen und für die Familie führt, wäre das ein guter „sekundärer Krankheitsgewinn".

2. Seuchen, Pestilenz und Schwarzer Tod
(17. März 2020)
*Fünf Dinge, die wir aus früheren Epidemien
für den Umgang mit Covid-19 lernen können*

Dass es in einer global vernetzten Welt irgendwann zu einer Pandemie kommen würde, ist von Virologen schon lange vorausgesagt worden. Die Frage war nicht, ob, sondern wann und wie es geschehen würde. Mit SARS-CoV (2002/03), Vogelgrippe H5N1 (2004–2016), Ebola (2014–2016) oder Zika-Virus (2015/16) gab es auch in der jüngeren Zeit Epidemien in verschiedenen Teilen der Welt.[3] Dennoch ist die Erfahrung einer weltweiten Pandemie mit einem so großen Gefährdungspotential für so viele Menschen und mit derart tiefgreifenden sozialen, kulturellen und wirtschaftlichen Folgen eine neue Erfahrung für die große Mehrheit unserer Gesellschaft wie auch für mich persönlich. Gerade in wirtschaftlich und bildungsmäßig weit entwickelten Ländern herrschte weithin die Überzeugung, dass „Seuchen" ein Problem früherer Jahrhunderte bzw. unterentwickelter Regionen seien. Angesichts der immensen naturwissenschaftlichen und speziell auch medizinischen Fortschritte der letzten Jahrzehnte schien die Welt beherrschbar. Pandemien gehörten zum Repertoire von Katastrophen-Filmen (z.B. Outbreak – Lautlose Killer, 1995; Pandemic – Tödliche Erreger, 2007; Contagion, 2011) oder Romanen (z.B. Stephen King, The Stand, 1978; José Saramago, Die Stadt der Blinden, 1995). Für das eigene alltägliche Leben spielten sie weithin keine Rolle. Das war für mich wie für viele andere Menschen bis vor einigen Tagen noch so.

In der Geschichte der Menschheit gehören Seuchen, Pestilenz und „Schwarzer Tod" aber zu den tief verwurzelten Leidens- und Schreckenserfahrungen.[4] Epidemien und auch Pandemien tauchten in den verschiedenen Jahrhunderten immer wieder auf. Zu den großen Seuchen der Menschheitsgeschichte gehörte etwa die Justinianische Pest, die von 541–544 erstmals ausbrach, danach in periodischen Rhythmen bis 770 in Europa und Vorderasien immer wiederkehrte und als größte Epidemie der Antike zählte. Sie hatte weitreichende sozioökonomische und politische Wirkungen (etwa die Schwächung des oströmisch-byzantinischen Reichs) und wird u.a. mit dem Untergang am Ende der Antike verbunden. Oder der „Schwarze Tod". Mit diesem Namen wird eine der verheerendsten Pestepidemien zwischen 1346 und 1353 bezeichnet, die sich von Asien aus im Zuge des mongolischen Friedens über Handelsrouten verbreitete und der vor allem in Europa etwa 20–25 Millionen Menschen zum Opfer gefallen sind. Dies war ein Drittel der damaligen Einwohnerschaft des Kontinents, wobei es große regionale Unterschiede gab und vor allem städtische Gebiete stärker betroffen waren.

Oder die „Spanische Grippe" (1918–1920) am Ende des ersten Weltkrieges, die mit 25–50 Millionen Toten wohl eine der heftigsten Pandemien überhaupt war. Sie hatte ihren Ursprung in den USA, ihr Name kommt daher, dass in der Presse des neutralen Spaniens am offensten über sie berichtet wurde. Der Krankheitsverlauf war kurz und heftig („morgens krank, abends tot"), atypischer Weise erlagen ihr vor allem Menschen zwischen 20 und 40 Jahren. Besonders viele Soldaten waren von ihr betroffen.

Daneben gab es viele andere „Seuchen", manche mit unklarem Erreger wie das Italienische Fieber (877/889) oder der Englische Schweiß (1485/86, 1507, 1517). Andere wie etwa die Pocken sind gerade im Zuge des europäischen Kolonialismus in andere Kontinente eingetragen worden und haben dort große Teile der indigenen Völker getötet, so etwa in Mexiko (1519/20; ca. 5–8 Millionen) oder in Nordamerika und Australien (1775–1780).

Nun ist zu Recht immer Vorsicht geboten, wenn unkritisch „Lehren aus der Geschichte" gezogen und Erfahrungen aus sehr verschiedenen historischen Kontexten auf heute übertragen werden. Dies gilt besonders angesichts der wieder neuen Neigung zu machtpolitischen oder weltanschaulichen Geschichtskonstruktionen in unseren Tagen. Alle Untergangspropheten zum Trotz: Wir sind nicht in der Zeit von Cholera, Pest und „Schwarzem Tod" – gerade, weil wir in einer informierten und medizinisch, ernährungstechnisch wie ökonomisch gut versorgten Gesellschaft leben.

Den Blick in die Geschichte empfinde ich als höchst heilsam, um das, was wir gegenwärtig erleben, im Horizont der Erfahrung von Menschen anderer Zeiten und Weltgegenden zu sehen. Die historische Kenntnis kann einen Beitrag leisten, manche aktuellen Phänomene besser einzuordnen und – trotz mancher starken Belastungen im Einzelnen – insgesamt ins rechte Maß zu rücken.

In diesem Sinne ein persönlicher Versuch: Fünf Denkanstöße aus der Geschichte früherer Pan-/Epidemien – im Hinblick darauf, wie wir als Gesellschaft heute mit der Covid-19-Pandemie umgehen können und sollten.

1. Ein großer Dank für die wissenschaftliche Medizin und die Informationen unserer Tage

Während der Pest im Mittelalter ging man etwa davon aus, dass die Ansteckung durch faul riechende Dämpfe aus Asien oder dem Erdinneren entstünde (die sogenannte „Miasmen"-Theorie).[5] Im Begriff des „Pesthauchs" drückt sich dies noch aus. Man glaubte u.a., sie würde durch Luft übertragen, von der Schönheit junger Frauen angezogen oder durch Sternenkonstellationen begünstigt. Entsprechend waren auch die – vor allem von der Körpersäfte-Lehre Galens beeinflussten – Therapieempfehlungen gelagert: etwa mit Aderlass, Schröpfen oder dem Abbrennen aromatischer Substanzen. Weil man sich oft aber auch gar nicht zu helfen wusste, wurde Pestkranke etwa in Mailand in ihren Häusern zusammen mit ihren Angehörigen einfach eingemauert. Dass das vermehrte Auftreten von Ratten (bzw. der durch sie übertragenen Parasiten) etwas mit der Seuche zu tun hatte, wurde zwar zum Teil erkannt. Der Ursprung der Pest im Bakterium „Yersinia pestis" war jedoch unbekannt und mithin auch eine wirksame medizinische Behandlung.

Da erscheint mir die laufende Information im digitalen Zeitalter über die neuesten Erkenntnisse etwa des Robert-Koch-Instituts, des Instituts für Virologie an der Charité oder anderer

Forschungseinrichtungen und die vorhandene medizinische Versorgung gerade in Deutschland oder Europa als ein wirklicher Segen. Wir sind gleichsam am Live-Ticker der Forschung, werden umfassend informiert und müssen uns eher darin üben, angesichts der Schnelligkeit der Informationen nicht atemlos zu werden. Seriöse medizinische Erkenntnisse brauchen ihre Zeit. Und Gesellschaften brauchen Phasen des Luftholens, um zu verarbeiten. Hier gilt es, sich auch vor der Flut ständiger Breakingnews zu schützen.

2. Die Gefahr einer Suche nach Sündenböcken als soziale Folge-Seuche

Es gehört mithin zu den menschlichen Urbedürfnissen, dass gerade in Zeiten großer sozialer Verunsicherung „irgendwie irgendjemand schuld sein muss". Das kompensiert die Gefühle eigener Hilflosigkeit, schafft ein Aggressions-Ventil, entlastet scheinbar die kollektive Seele. So kam es beispielsweise im Mittelalter zu schrecklichen „Pest-Pogromen" gegen Jüdinnen und Juden.[6] Ihnen wurde Giftmischerei oder Brunnenvergiftung nachgesagt, die zu der Seuche geführt habe. Oder die Pest wurde gar als Strafe für ihre fehlende Bekehrungsbereitschaft angesehen. In der Folge kam es zur Vernichtung jüdischen Lebens in weiten Teilen Deutschlands und der Niederlande, zum Teil mit aufgezwungenen kollektiven Selbsttötungen, so etwa im Juli 1349 bei der jüdischen Gemeinde von Frankfurt, wie schon vorher in Worms und nachher in Mainz – dort jeweils, indem sich die Jüdinnen und Juden in ihren eigenen Häusern verbrannten. Oft spielten bei den Verfolgern Habgier oder bestehende Schuldverhältnisse eine Rolle.

Gerade angesichts der Neigung zu Verschwörungstheorien in unseren Tagen, die durch die sogenannten sozialen Medien verstärkt werden, und einem vielfältig wiedererstarkten Antisemitismus und Rassismus halte ich es für unbedingt notwendig, jeder Suche nach „Sündenböcken" in welcher Form auch immer entgegen zu treten. In der Sicht populistischer Nationalisten sind es erwartbar wieder die Anderen, die Fremden, die „bösen Migranten", die man nur aus dem „gesunden eigenen Volkskörper" heraushalten müsse, um dem Virus zu wehren.

3. Das religiöse Problem von Untergangspropheten und apokalyptischen Endzeit-Phantasien

In Zeiten von Pandemien und der mit ihnen verbundenen gesellschaftlichen Krise fühlen sich immer wieder obskure, (pseudo-)religiöse Personen berufen, ihre wirren Vorstellungen zu verbreiten. In der Krise sehen sie ihre Stunde gekommen. Der kollektive Schock und die fundamentale Verunsicherung breiter Teile der Gesellschaft zeige, so ihre Sicht, dass sie es schon immer gewusst hätten. Jetzt fühlen sie sich berufen, die Umkehr zu predigen. Und Religionen bieten durch ihre Geschichten und ihre Letztbegründung dazu oft ein entsprechendes Potential. So wurde etwa die Seuche im Lager der Griechen vor Troja auf die Pestpfeile des Apollon zurückgeführt. Im Mittelalter entstanden regelrechte Geißlerhorden (Flagellanten), die als religiöse Bußbewegung durch das Land zogen – und dabei selbst zur Verbreitung der Pest beitrugen. Die Pestheiligen St. Rochus und St. Sebastian erfuhren besondere Verehrung. Bis in die Epidemien der Neuzeit gehen die Erkrankungen mit apokalyptischen Erklärungsmustern einher, welche die jeweilige Krankheit als Strafe

Gottes meist für irgendeinen moralischen, oft sexuellen Sittenverfall oder eine andere Form des modernen Lebens verstehen.

Auch im Fall der Covid-19-Epidemie geschieht es bereits und wird es geschehen, dass vermeintlich religiöse „Führer" meinen, als Seuchen-Gewinnler ihre weltanschauliche Suppe auf Kosten des Leids anderer Menschen kochen zu können. Dem gilt es durch nüchterne Aufgeklärtheit und kluge Theologie zu begegnen.

Geht man von einem hohen möglichen Ausbreitungsgrad im Zuge der Covid-19-Pandemie aus und einer Sterblichkeitsrate entsprechend der aktuellen Erfahrungen aus, dann werden wir (nach jetzigem Stand) allein in Deutschland tausende Menschen haben, die sterben werden. Hier braucht es – aus meiner Sicht als evangelischer Pfarrer – seelsorglich einfühlsame Begleitung der Sterbenden und Trauernden von ihren Angehörigen und Vertreter/innen ihrer jeweiligen Religion. Und es braucht m.E. den Mut, die Frage nach dem „Warum?" und der Verborgenheit Gottes im Leid auszuhalten. Für mich ist dabei die Hoffnung leitend, dass – im Blick auf Karfreitag und Ostern – Gott gerade an der Seite der leidenden Menschen steht. Und dass er uns in der Nachfolge Christi anleitet, im Leiden auch genau dort für einander einzustehen. Auch wenn ich nicht begreife, warum es so etwas wie Viren in Gottes Schöpfung überhaupt gibt.

4. Verantwortliche, soziale Gestaltung tiefgreifender wirtschaftlicher Folgen

Epidemien waren in den verschiedenen geschichtlichen Zeiten mit starken wirtschaftlichen Folgen verbunden. Dies führte etwa im Mittelalter zu massiven Einbrüchen der Landwirtschaft mit nachfolgenden Hungersnöten, ab dem 19. Jahrhundert auch zu Problemen bei der industriellen Produktion oder beim Handel, weil die entsprechenden Arbeitskräfte fehlten. In den betroffenen Ländern Afrikas hatte die Ebola-Epidemie vor einigen Jahren oft verheerende sozioökonomische Folgen. Zugleich förderten umgekehrt Seuchen oftmals auch die Entwicklung neuer Techniken, etwa des Buchdrucks im 14. Jahrhundert. Dies geschah aus der Not, dass es nicht mehr genug Menschen gab, die als Schreiber fungieren konnten. Auch die Medizin machte im Übergang zur Neuzeit einen Entwicklungssprung durch die Pest-Erfahrungen und das Scheitern der bisherigen Erklärungsmodelle. 1855 entdeckte wiederum der Arzt John Snow, dass die Cholera-Epidemie in Soho/London mit einer einzigen verunreinigten Wasserpumpe zusammenhing – mit entsprechenden Wirkungen für die Epidemiologie wie für die Wasserversorgung.

Die wirtschaftlichen Folgen der Corona-Krise sind angesichts einer global stark vernetzten Welt mit eng getakteten Lieferketten überhaupt noch nicht abzusehen. Bestimmte Wirtschaftsbereiche wie etwa Gastronomie, Logistik oder Tourismus sind bereits jetzt sehr stark betroffen. Das gleiche gilt für viele Freischaffende, Künstler/innen oder Kleinunternehmen, die durch die Corona-Krise oft vor ökonomisch existentiellen Problemen stehen.

Anders als in früheren Jahrhunderten wird daher eine wichtige Aufgabe darin bestehen, dies mit den Mitteln des Sozialstaates und einer klugen Wirtschaftspolitik sozial und verantwortlich zu gestalten und abzufedern. Dabei sollte zugleich der Umbau hin zu einer stärker ökologisch nachhaltigen Wirtschafts- und Lebensweise gefördert werden. Kürzere Lieferketten und regionale Produkterzeugung sind epidemiologisch wie ökologisch sinnvoll. Sie zu stärken, wäre etwas Gutes in der Krise.

5. Die große Bedeutung alltäglicher Abläufe, persönlicher Haltung und sozialer Pflichten

Gerade angesichts der Unklarheit der Krankheitsursachen, fehlender Informationen und der massiven Verunsicherung brach in früheren Zeiten oft die Autorität von Obrigkeit, Religion und Wissenschaft zusammen. Sie alle konnten einen damals offensichtlich nicht vor der jeweiligen „Seuche" bewahren. Es kam mitunter zum Zusammenbruch des Alltags mit Phänomenen sozialer Gleichgültigkeit und todesnahen Exzessen. Eine eindrückliche Schilderung davon gibt – wieder im Blick auf die Pestepidemie des 14. Jh. – Boccaccio in seiner Novellensammlung „Decamerone".[7] Er berichtet darin als einer der wichtigsten Augenzeugen vom Wüten der Pest in Florenz, die dazu führte, dass Eltern sich nicht mehr um ihre Kinder kümmerten, Kranke keine Pflege erfuhren, Menschen jegliche soziale Pflicht gegenüber ihren Verwandten, Freunden und Nachbarn vernachlässigten. Als Rahmenhandlung wird erzählt, wie sich sieben junge Frauen und drei junge Männer vor der Pest in ein Landhaus flüchten und sich zehn Tage lang durch die Erzählung von Geschichten unterhalten. Die sexuelle Freizügigkeit, Sinnesfreude und derbe Tragik-Komik der Novellen bilden dabei – wie in einem Totentanz – eine Reaktion auf die Erfahrungen der Pest. Wie ein „memento mori" bildet sie den Hintergrund zu den insgesamt hundert einzelnen Erzählungen.

In der Zeit der beginnenden Quarantäne im Zuge der Covid-19-Pandemie ist es daher wichtig, als Einzelner wie als Gesellschaft Haltung zu zeigen. Dazu gehört es etwa, für einander da zu sein, ohne einander zu nahe zu kommen. In Ausnahme-Zeiten bekommen geregelte Alltagsabläufe und Riten eine umso größere Bedeutung. Zugleich bedarf es einer Kreativität, um sie unter veränderten Bedingungen fortzuführen. Dafür bietet aktuell sicher die Kommunikation auf digitalem Weg einen (wenn auch nicht vollumfänglichen) Ersatz. Es ist die Hoffnung und Aufgabe, dass die Corona-Krise zu einem gestärkten sozialen Miteinander beiträgt – und das Beste von dem weckt, was in uns steckt.

Ich halte es für eine der zentralen Aufgaben unserer Tage, dass wir individuell wie gemeinschaftlich gleichsam unsere „positiven Gegen-Geschichten" leben, erzählen, schreiben. Und dass wir so gemeinsam dazu beitragen, den Unterschied einer demokratischen, aufgeklärten und freiheitlichen Zivil-Gesellschaft zu früheren Zeiten zu markieren.

Meine Hoffnung ist, dass die Covid-19-Pandemie – bei allem, was einmal sonst noch über sie zu sagen sein wird – in die kollektive Erinnerung eingehen wird als die Zeit, in der die Menschen in besonderer Weise für einander dagewesen sind und in der die Gesellschaft sich zum Besseren entwickelt hat. Dafür haben wir m.E. bessere Voraussetzungen als in vielen anderen Zeiten und Weltgegenden.

3. Wir müssen über Sterbebegleitung und Trauerarbeit in der Pandemie reden!
(18. März 2020)

Es ist beeindruckend zu sehen, wie kreativ und engagiert sich viele Pfarrer/innen, Kirchenvorstände und Gemeindemitglieder in den letzten Tagen um neue Formen einer „digitalen Kirche" bemüht haben. Hier zeigt sich ein Schub an digitaler Kommunikation, der die Verkündigung sicher dauerhaft voranbringen wird.

Ich glaube aber, dass es schon sehr bald nicht mehr unsere erste und größte Sorge sein wird, wenn sonntägliche Gottesdienste nicht mehr stattfinden können. Schaut man auf Italien, das uns (bei allen Unterschieden) in der Pandemie zeitlich voraus ist, dann kommt auf uns eine Anzahl von Todesfällen zu, wie wir sie seit Jahrzehnten nicht erlebt haben. Folgt man den aktuellen Schätzungen, dass sich möglicherweise ein großer Teil der bundesdeutschen Bevölkerung mit dem Virus SARS-CoV-2 infizieren wird, und geht man – bei aller Vorsicht gegenüber Modellen – von den bisherigen, unsicheren Sterblichkeitsraten aus, dann werden dies tausende Menschen sein, die alleine in Deutschland an der Pandemie sterben. Natürlich kann es auf Grund von verschiedenen Gründen anders kommen (z.B. Mutationen, erfolgreiche Medikamente) – und auf jeden Fall sollten wir durch unser individuelles und gemeinschaftliches Vorsorge-Verhalten auch alles dafür tun, dass es anders kommt. Aber es ist realistisch, sich darauf einstellen, dass wir wohl tausende Menschen im Sterben begleiten und noch vielmehr Menschen in ihrer Trauer stärken müssen. Und das extreme Ausnahme-Bedingungen die Sterbebegleitung wie Trauerarbeit massiv erschweren werden. Nicht nur die Mediziner/innen, auch die Pfarrer/innen und in der Hospiz-Arbeit Engagierten gehen auf eine Zeit der Grenzbelastung zu.

Wir sollten daher jetzt unter Pfarrer/innen, Kirchenvorständen und Engagierten in der Hospizarbeit intensiv über Sterbebegleitung und Trauerarbeit in der Pandemie-Zeit reden – und unsere Kraft auf die Vorbereitung dieser Arbeit konzentrieren.

Dazu ein paar erste, unfertige Impulse:

1. Sterben auf der Isolierstation:

Viele Menschen werden auf Grund ihrer Infektion wahrscheinlich auf Isolierstationen sterben – ohne von ihren Angehörigen oder Menschen angemessen oder überhaupt begleitet werden zu können. Zudem wird sich dieses „Sterben ohne richtigen Abschied" gerade bei älteren Menschen zum Teil nach Wochen oder Monaten ereignen, in denen sie ihre Kinder oder Enkel wegen der kollektiven Quarantäne nicht mehr gesehen haben. Das wird für beide, Sterbende wie Angehörige, eine große Belastung darstellen. „Wir konnten Opa oder Oma nicht einmal mehr die

Hand geben oder ihn streicheln." Auf Grund der Infektionsgefahr werden Trauerprozesse massiv erschwert oder verhindert werden. Hier gilt es jetzt – als eine Maßnahme – Formen des Abschiednehmens über Video-Technik auf Intensivstationen und in Hospizen aufzubauen und kulturell wie geistlich zu gestalten.

„Wie nehme ich Abschied als Sterbende/r oder Trauernde/r über den Bildschirm?"

2. Trauerfeiern ohne Teilnehmende

Auch die Trauerfeiern werden – folgt man etwa den Berichten aus Bergarmo, Norditalien – wegen der Ansteckungsgefahr und wegen des möglichen Infiziertseins der Angehörigen oft ohne Teilnehmende stattfinden müssen. Zudem wird es – wenn solch hohe Zahlen von Todesfällen eintreten – zu massiven Belastungen oder Überlastungen des „gewöhnlichen" Ablaufs bei Trauerfeiern kommen – angefangen bei den Bestattungsunternehmen über die Pfarrer/innen bis zu den Friedhöfen.

Auch hier braucht es Überlegungen, wie nicht nur die Fülle an Trauerfeiern angemessen bewältigt werden kann (etwa durch die Einbeziehung von Prädikant/innen und Lektor/innen), sondern auch, wie rituelle Begleitungsformen „in Abwesenheit" aussehen können. Eine Möglichkeit könnte etwa sein, auch hier mediale Vermittlungen einzusetzen. Dies muss jedoch auf geistlich und seelsorglich angemessene Weise gestaltet werden.

3. Seelsorge ohne Kontakt

Wie gehen wir damit um, wenn der 75–jährige Mann stirbt und seine 78–jährige Frau infiziert zu Hause in Quarantäne ist?

Wenn sie nicht nur von ihrem Mann nicht mehr Abschied nehmen konnte, sondern wenn auch niemand zu ihr darf, um sich selbst nicht anzustecken? Wie kann dann eine seelsorgliche Trauerarbeit aussehen? Seelsorge hat viel mit Kontakt zu tun – kommunikativem, emotionalem, auch körperlichem. Auch hier brauchen wir rein technische wie auch seelsorgliche und rituelle Formen, um mit diesen besonderen Herausforderungen umzugehen. Weil sich die Sterbefälle gerade bei älteren Menschen ereignen werden, die vielfach nicht so technik-affin sind, kann es eine Überlegung sein, für sie vorprogrammierte und einfach bedienbare „Trauertablets" anzuschaffen – mit tröstenden Texten, Bildern des Angehörigen, Videos von der Trauerfeier und der Video-Schaltfunktion zu den Angehörigen wie zu der Pfarrerin bzw. dem Pfarrer.

4. Belastung der Pfarrer/innen

Von der Grenzbelastung der Personen mit zentralem Schlüsselberuf war bereits die Rede. In den Gemeinden werden dies vor allem die Pfarrer/innen und die engagierten in der Hospizarbeit sein, aber in anderer Weise vielleicht auch Gemeindesekretär/innen oder Kirchenmusiker/innen. Sieht man, wie intensiv sich Krankenhäuser und medizinisches Personal auf die Pandemie einstellen, so sollte dies in ähnlicher Intensität auch in den Gemeinden passieren. Gerade die Krankenhausseelsorger/innen werden durch ihre Begleitung auch des hochbeanspruchten medizinischen Personals wichtige Arbeit zum Erhalt des Systems leisten müssen und brauchen in jedem Fall dringend Unterstützung in dieser Phase. Hier sollte über den gezielten kirchenleitenden Einsatz weiterer Personen im seelsorglichen Dienst in den Krankenhäusern nachgedacht werden, etwa aus anderen Funktionsbereichen.

Zudem werden viele Ortspfarrer/innen durch den Kontakt zu Gemeindegliedern selbst infiziert werden können. Der Umgang mit der Sorge um sich selbst (und seine Angehörigen) und die pastorale Aufgabe der Begleitung der anderen wird zu inneren Konflikten führen. Hier braucht es eine seelsorgliche wie berufsethische „Begleitung der Begleiter". In jedem Fall sollten sich alle Pfarrer/innen in den kommenden Zeiten von anderen Aufgaben – soweit nicht durch die Quarantäne geschehen – freimachen. Und sie sollten sich daher – trotz der eingangs erwähnten kreativen Neuansätze – auch nicht in zusätzlichen digitalen Angeboten erschöpfen. So schön und wichtig diese sind, es stehen sehr bald andere, dringendere Aufgaben an.

5. Eine „epidemiologische Theologie"

Die Covid-19-Pandemie wird in neuer Weise Fragen nach Leid, Sinn, Gott aufwerfen – und wir werden als Kirche theologisch gefordert sein, hierauf nicht einfach „zu antworten", sondern in angemessener und ansprechender Weise zu reagieren. Die Pandemie wird, so ist zu vermuten, eine tiefgreifende Erschütterung des Lebensgefühls und des Selbstverständnisses in der Gesellschaft nach sich ziehen. Was trägt der Glaube dafür aus? Was heißt dabei „Gottvertrauen"? Was ist aus den alten Geschichten und den Erfahrungen früherer Generationen dafür zu lernen? Welche wirklich tragfähigen Bilder, Erzählungen und Argumente haben wir gegen die Wirklichkeit des Todes, wenn sie in so beeindruckender Weise in Erscheinung tritt? Eine Pandemie ist nicht nur quantitativ, sondern auch qualitativ eine andere Erfahrung von Krankheit – wenn Infektion und Tod sich eben nicht mehr nur am Rande des Alltags zeigen, sondern die öffentliche Wahrnehmung weithin dominieren. Eine andere Quantität wird hier in eine andere Qualität umschlagen. Deswegen bedarf eine Pandemie auch einer „epidemiologische Theologie", die sich dieser anderen öffentlichen Präsenz von Leiden stellt, die von echter, tiefer Anfechtung und Ambivalenz bestimmt ist und zugleich die Kraft hat, glaubhafte Perspektiven der Hoffnung wider den Tod zu vermitteln.

Die Situation in manchen Städten Norditaliens mag extrem sein – und ich hoffe sehr, dass ich mich irre und sich diese Impulse einmal im Nachhinein als unnötig erweisen werden. Im Augenblick erleben wir jedoch eine Situation, in der vieles, was noch vor ein paar Tage als undenkbar galt, zur Realität wird. Ich glaube deshalb, dass wir uns jetzt in den Gemeinden, kirchlichen Fortbildungsstätten und Kirchenleitungen dieser Aufgabe stellen müssen – um auch in der Ausnahmezeit der Pandemie alles in unserer Macht Stehende zu tun, um Sterbende zu begleiten, Trauernde zu trösten und so ein Zeichen der Hoffnung für andere zu setzen.

4. „IN EINSAMKEIT MEIN SPRACHGESELL"
(21. März 2020)
Wie Psalmen einem helfen können zu beten
Eine kleine geistliche Gebrauchsanleitung
in der Corona-Zeit

Es gibt Zeiten im Leben, da fehlen einem die Worte. Vor allem, wenn man in Not gerät, Ängste oder Sorgen hat – und einfach nicht weiß, wohin damit. Das geht heute manchem so angesichts des Corona-Virus SARS-CoV-2: Man kann es nicht sehen und doch ist es da, hoch ansteckend und stellt das ganze gewohnte Leben auf den Kopf – bis hin zu ganz konkreten gesundheitlichen, ökonomischen oder seelischen Problem. In solchen Zeiten ist es gut, Worte zu haben, die einem helfen, das auszudrücken, was einen bewegt. Und es ist gut, wenn man jemanden hat, dem man diese innersten Gefühle sagen kann. Jemanden, der diese Gefühle aushalten kann, der sie versteht und der auch helfen kann. Einem nahestehenden Menschen und besonders auch Gott. „In Einsamkeit mein Sprachgesell" (Paul Gerhard)[8]. Kurz: Es hilft, miteinander zu reden und zu beten.

Gerade das Beten fällt Menschen aber oft nicht leicht. Man hat es lange nicht mehr gemacht, ist unsicher, ob es „etwas bringt" oder wie man es „richtig macht". Hier können die Psalmen eine große Hilfe sein. Es sind alte Texte des jüdischen Volkes, die Menschen seit 3000 Jahren durch Erfahrungen von Angst, Not und Zweifel begleitet haben. Lieder, Gebete, Gedichte, die genau zu diesem Zweck aufgeschrieben und von Generation zu Generation weitergegeben wurden: damit Menschen nicht alleine oder sprachlos bleiben. „Wenn es ans Eingemachte geht, braucht es Eingemachtes." Genau das sind die Psalmen: geistlich Eingemachtes. Dichte, poetische Texte voller Erfahrung von Höhen und Tiefen, voller Anfechtung und Hoffnung – mit der Kraft, die eigene „Seele" zu trösten.

Wer das Beten verlernt hat, hier kann er oder sie es wieder lernen.

Im Folgenden möchte ich versuchen, ein paar Empfehlungen zum Gebrauch der Psalmen zu geben.

1. Psalmen sollte man sprechen –
laut, wiederholt und gerade auch dann, wenn man zweifelt.
Im Psalter des Alten Testaments finden sich 150 Psalmen, die zu höchst unterschiedlichen Zwecken verfasst wurden. Für Augenblicke der Klage wie des Lobs, für Trauer wie für Jubel, für den gemeinsamen Gesang im Gottesdienst wie für das intime „Kummer-Gebet in der Kammer". Gemeinsam ist ihnen jedoch, dass sie ihre Kraft besonders dann entfalten, wenn man sie spricht: laut, wiederholt – und auch dann, wenn man nicht weiß, ob dies schon ein „richtiges" Gebet ist oder „nur" ein gelesener Text. Beten lernt man, indem man es einfach tut. Allen Zweifeln zum Trotz. Und interessanter Weise gehört der Zweifel daran,

ob Gott hört und das Beten etwas bewirkt, wesentlich zum Gebet der Glaubenden dazu. Immer wieder kommt die klagende Frage an Gott, warum er sich verbirgt und nicht hört. Etwa am Anfang von Psalm 13: „HERR, wie lange willst du mich so ganz vergessen? Wie lange verbirgst du dein Antlitz vor mir? Wie lange soll ich sorgen in meiner Seele und mich täglich in meinem Herzen ängstigen?" Die geistliche Pointe ist, es dennoch zu tun: zu beten, auch wenn man nicht weiß, ob es wirkt. Es gilt, Gott mehr zu vertrauen als den eigenen Zweifeln. In der Klage werden die eigenen Ängste zur Frage an Gott. Und damit ist bereits ein Spalt in der Mauer der Sprachlosigkeit.

2. Psalmen sind lebensgefüllte Tiefen-Texte – voller Brüche, Sprünge und Risse.

Die Psalmen zeichnen sich gerade dadurch aus, dass sie die Lebenserfahrungen von Menschen in ihrer tiefen, vielschichtigen Ambivalenz spiegeln. Wie gute Poesie. Sie sind deshalb voller existentieller Spannungen und „lebensnotwendiger Widersprüche". Ein eindrückliches Beispiel dafür gibt etwa Psalm 22, mit dessen Worten Jesus (nach Markus und Matthäus) am Kreuz stirbt. „Mein Gott, mein Gott, warum hast du mich verlassen?" So beginnt der Psalm, und der Betende klagt Gott dann in starken Bilder sein ganzes Leid: „Gewaltige Stiere haben mich umgeben", „ich bin ausgeschüttet wie Wasser", „meine Kräfte sind vertrocknet wie eine Scherbe". Das geht so bis in die Mitte von Vers 22: „Hilf mir aus dem Rachen des Löwen und vor den Hörnern der wilden Stiere." Und dann, auf einmal, ohne weitere Erklärung, schlägt die Klage im gleichen Vers in Lob um: „Du hast mich erhört." Und der Betende hört gar nicht mehr auf, Gott zu rühmen. Die Ausleger haben dies höchst unterschiedlich zu erklären versucht: mit dem zwischenzeitlich erfolgten Zuspruch eines Priesters, einer persönlichen Lebenserfahrung, einer inneren Erhörungsgewissheit. Die Frage bleibt offen.

Das Eigentliche tut sich zwischen den Zeilen. Es geht – in der Sprache des Bibliologs – um das „weiße Feuer" des Zwischenraums zwischen den gedruckten Buchstaben (als „schwarzes Feuer").⁹ In dem Ungesagten, der Lücke, dem nicht geklärten Sprung von der Klage zum Lob ereignet sich das Geheimnis des Gebets: dass Gott hört, dass meine Seele Trost erfährt und dass die Welt, das Leben, ich selbst irgendwie anders werden.

3. Psalmen weiten den Blick
durch einen Rhythmus sich verändernder Wiederholungen.

Auf Menschen heute wirken die Psalmen oftmals fremd, weil – neben manchen altertümlichen Worten und Bildern – sich der Inhalt auf merkwürdige Art wiederholt. Was im einen Satz gesagt wird, taucht im nächsten so ähnlich, aber doch verändert wieder auf. Manchmal wirkt es fast wie eine Doppelung, dann wieder wie eine Fortführung oder ein Gegensatz. Eine wellenförmige Bewegung des eigenen Sprechens und Denkens und Betens. Ein schönes Beispiel dafür ist der wohl bekannteste Psalm 23. Die große Trostaussage, dass Gott sich wie ein guter Hirte um mich kümmert, meine Sorgen gleichsam zu seiner Sache macht, wird in immer neuen Anläufen durchgespielt: „Der HERR ist mein Hirte, mir wird nichts mangeln. Er weidet mich auf einer grünen Aue und führt mich zum frischen Wasser." In der Auslegung spricht man hier von einer Art „Gedankenreim", dem sogenannten „Parallelismus membrorum", also einer Parallelität bzw. Entsprechung der Versteile. Dabei sind die kleinen

Variationen wichtig. Weil sie meinen ängstlichen „Tunnelblick", fokussiert auf die eigenen Sorgen, oft unmerklich verändern und so das eigene, erstarrte Denken wieder in Fluss bringen. Fast so wie eine Physiotherapie für die Seele. Ich glaube, die Psalmen sind so etwas wie Gottes Wiegenlieder für uns Menschen. Ähnlich, wie man es aus der eigenen Kindheit kennt. Gebete, die mir Raum geben, um klagen zu können und meinen Ängsten Luft zu machen. Und in denen ich doch nicht mit mir selbst alleine bleibe, sondern Gott als Partner meiner „intimsten Selbstgespräche" (Viktor Frankl) erfahren kann.[10]

4. Psalmen können helfen,
dem Dunklen nicht das letzte Wort zu lassen.

Eine gängige Antwort auf die Frage „Wie geht's?", lautet: „Ich kann nicht klagen." Ein früherer Kollege hat darauf immer geantwortet: „Da hilft nur üben, üben, üben." Es ist wichtig, klagen zu können, und gut, wenn man es nicht muss. Klagen, im Sinn der Psalmen, meint dabei etwas Anderes als bloßes Jammern. Jammern bezeichnet eine wehleidige, larmoyante, selbstfixierte Haltung. Beim Klagen geht es um die aktive Auseinandersetzung mit dem, was das eigene Leben belastet. Gerade die Klage-Psalmen leiten dazu an, dem Dunklen eben nicht das letzte Wort zu lassen, sondern Angst, Leid, Schmerz vor Gott zu bringen – und sei es in Form der Anklage und des Vorwurfs. Die Verfasser waren dabei – ähnlich wie Hiob in seiner Klage gegen Gott – religiös sehr direkt und hemmungslos. Das drückt sich etwa aus in der Frage „Warum?," wie darin, dass Gott selbst für das erfahrene Leid verantwortlich gemacht wird. Etwa in Psalm 44, in dem der Betende im Namen des Volkes Israel Gott scharf angeht: „Wach auf, HERR! Warum schläfst du? Werde wach und verstoße uns nicht für immer!"

Das gilt in anderer Form auch für das Danken und Loben. Auch dies gilt es zu üben. Es ist gut, wenn wir gemeinsam einen Grund zum Danken und Loben haben, und es ist wichtig, wenn wir es dann auch können. Sei es für die Schönheit der Schöpfung, wie sie etwa in Psalm 104 auf poetisch-hymnische Weise besungen wird („Licht ist dein Kleid, das du anhast."). Sei es für die Rettung des Volkes Israel aus kollektiver Not, wie sie etwa in Psalm 105 in dem Rückblick auf den Exodus aus Ägypten geschildert wird, den gemeinsamen Auszug aus der Unfreiheit. Beides gehört zum Leben: das Klagen wie das Loben, in Gemeinschaft wie als Einzelner. Für beides bieten die Psalmen große Hilfestellung.

5. Psalmen schaffen Ruhe im Kopf und vertiefen das Nachdenken über sich selbst.

Gerade in Zeiten von Krise und Einsamkeit werden Menschen auf sich selbst zurückgeworfen. Im Kopf fängt es an zu kreiseln. Man denkt über sich selbst und das Leben nach – und über das, was einen in einer Welt trägt, in der irgendwie alles auf einmal anders ist. Die Psalmen können helfen, zu einer Kopf-Ruhe zu finden und den Gedanken eine andere Richtung und Tiefe zu geben. So etwa in Psalm 8 mit seiner Frage: „Was ist der Mensch, dass du seiner gedenkst und des Menschen Kind, dass du dich seiner annimmst?" Oder in Psalm 3, einem „Morgenlied in böser Zeit", das davon handelt, wie David mitten in der Zeit seiner Verfolgung Ruhe in Gott findet: „Ich liege und schlafe und erwache, denn der HERR hält mich." Oder – als jemand, der gerne alpin wandert, einer meiner Lieblingspsalmen –

Psalm 121: „Ich hebe meine Augen auf zu den Bergen. Woher kommt mir Hilfe? Meine Hilfe kommt vom HERRN, der Himmel und Erde gemacht hat. Er wird deinen Fuß nicht gleiten lassen und der dich behütet schläft nicht." Zu den schönen Feinheiten und der tiefen Weisheit dieses Gebetes gehört es, dass Gottes schützende Hand dafür sorgt, „dass dich des Tages die Sonne nicht steche, noch der Mond des Nachts." Vielleicht ist der „Mond-Stich" bei Nacht eine der Gefahren gerade in der Corona-Zeit, wenn der eigene Kopf eben nicht zur Ruhe kommt und die Gedanken immer weiter kreisen. Auch davor möge Gott uns behüten.

Das Buch der Psalmen ist voller weiterer, faszinierender Gedichte und Gebete, die wir als Christinnen und Christen dem Volk Israel verdanken. Viel mehr noch, als diese kleine Blütenlese zeigen konnte. Manches bleibt mir auch fremd, da blättere ich einfach weiter. Vielleicht kann es anderen Menschen in anderen Zeiten helfen, zur Ruhe zu kommen, den Blick zu weiten, mit dem Leben in seiner Widersprüchlichkeit klar zu kommen, dem Dunklen nicht das letzte Wort zu lassen – und so trotz aller Zweifel einfach zu beten. Das wünsche ich Ihnen in den kommenden Wochen. „In Einsamkeit mein Sprachgesell."

5. Gut gegen Wohnungs-Koller – von der Kunst zusammenzuleben und allein zu sein
(24. März 2020)
Sieben lebenspraktisch-geistliche Empfehlungen

Was für eine Herausforderung: Schulen und Kitas dicht, fast alle sind zu Hause, in den Nachrichten gibt es nur noch Corona. Dazu kommen Sorgen und Ängste: um die Großeltern, die eigene Gesundheit, die berufliche Existenz oder die Bezahlung des nächsten Kredits. Trotz schönen Frühlingswetters draußen können sich da zu Hause Stress und Konflikte sehr leicht aufbauen.

Das gilt sowohl für Familien und Lebensgemeinschaften als auch für Menschen, die alleine leben. Man kennt das aus anderen Zeiten, etwa dem gemeinsamen Urlaub oder Weihnachten. Auf einmal sind alle zusammen – und bald schon gibt es den ersten Konflikt. Oder das alltägliche Beziehungsnetz aus Schule und Arbeit ist weg – und schon fällt einem die Decke auf den Kopf. Nur, dass jetzt noch die allgemeine Pandemie-Stimmung dazu kommt. Da kann es leicht zum „Wohnungs-Koller" kommen, emotionalen Ausbrüchen, wie man sie auch aus anderen Situationen kennt, in denen Menschen über längere Zeit in Gruppen oder alleine auf begrenztem Raum leben.[11] Etwa von

Freizeit-Camps, Trainings-Lagern, Gefängnissen – oder auch vom sogenannten „Trapper-Fieber". Zugespitzt formuliert, können hier Menschen zwei sehr unterschiedliche Erfahrungen machen: „Die Hölle, das sind die anderen" (Sartre)[12], oder „die Hölle, das bin ich, alleine mit mir selbst".

Dies muss nicht so sein. Und es gibt eben genauso die andere Möglichkeit, dass in solchen Zeiten Zusammenhalt und Gemeinschaft ganz neu erfahren werden. Dass einem neu deutlich wird, worauf es im Leben eigentlich ankommt, was man aneinander hat und wie reich man persönlich beschenkt ist. Dazu ist es wichtig, gut auf sich selbst und die anderen zu achten.

Hier sieben lebenspraktisch-geistliche Empfehlungen, wie man in diesen besonderen Zeiten gut mit seinen Hausgenossen und sich selber klarkommt.

1. Einander Raum lassen

Zu den fundamentalen Bedürfnissen eines Menschen gehört, Schutz- und Rückzugsräume zu haben. Deshalb sind Wohnungen rechtlich so hoch geschützt (etwa GG Art. 13). Aber es braucht auch innerhalb von Wohnungen Schutz- und Rückzugsräume vor denen, die mir eigentlich lieb und nahe sind, auf Dauer aber einfach zu viel werden. Einander Raum zu lassen, ist eine praktische Gestalt der Liebe. In ihr geht es um die Kunst der „freiwilligen Selbst-Zurücknahme" (Michael Welker).[13] Das kann von der gebastelten Kuschel-Höhle im Kinderzimmer (ohne Zutritt für „Große") bis zur verabredeten Auszeit von einander reichen. Es ist gut, wo immer es geht, mir selbst den Raum zu nehmen und anderen den Raum zu geben, den jede/r für sich braucht.

2. Den Burgfrieden wahren

In früheren Zeiten gab es die rechtliche Regelung des Burgfriedens. Demzufolge war es – besonders in Zeiten äußerer Gefahr – streng verboten, innerhalb des eingehegten Lebensraumes der Burg, Fehden und andere Streitereien fortzuführen. Vielmehr waren alle Parteien verpflichtet, den Gemeinschaftsbesitz und die Infrastruktur der Burg zu pflegen: von den Mauern über die Brunnen bis zu den Kapellen. Übertragen auf Wohngemeinschaften kann es hilfreich sein, sich den familiären Burgfrieden (das „Wir sind für einander da") neu zu vergegenwärtigen und zu verabreden. Reden hilft, wie immer, auch hier. So kann die Corona-Zeit dazu beitragen, dass Wir-Gefühl zu stärken.

3. Feste Rituale pflegen – alltägliche und besondere

Rituale geben dem Leben einen Rhythmus und der Seele einen Halt. In Zeiten innerer und äußerer Unruhe werden sie besonders wichtig. Das gilt für alltägliche Dinge: zu festen Zeiten aufstehen, essen, sich körperlich pflegen und bewegen, etwas lesen, Musik hören, „schöntun", spielen, mit anderen etwas machen und ausreichend schlafen. Das gilt ebenso auch für religiöse Rituale, die eine heilsame Unterbrechung von den Sorgen-Kreisläufen in meinen Kopf darstellen: still werden, zur Ruhe kommen, beten und Gott klagen, bitten oder danken, was einem auf der Seele liegt. Davon sollten einen auch die eigenen Zweifel nicht abhalten. Hier kann man von den Menschen früherer Zeiten lernen und auch Worte und Sprache leihen, etwa die Psalmen. Denn was für die Zähne gilt, ist auch für die Seele richtig: man sollte sie mehrfach täglich putzen.

4. Lob, Blumen und andere kleine Zeichen bewirken oft große Wunder

Wenn große Dinge ins Wanken geraten, gewinnen kleine Gesten oft eine besondere Bedeutung: ein Kompliment am Rande, eine Blume an meinem Arbeitsplatz, eine Aufmerksamkeit, mit der ich nicht gerechnet habe.

„Frech achtet die Liebe das Kleine" (Henning Luther)[14]. Freundlichkeit „en passant". Es gibt Menschen, die dafür einen besonderen Sinn haben. Aber auch andere können die Kunst des vermeintlichen „Chichi" üben und werden von der Wirkung überrascht sein.

5. Aus dem Gravitationsfeld des kollektiven Bauchnabels heraustreten

Als Menschen sind wir soziale, gemeinschaftsbildende Wesen, mit Aristoteles ein „zoon politikon". Oder biblisch formuliert: „Es ist nicht gut, dass der Mensch allein sei." (1. Mose 2,18) Das gilt nicht nur für den Einzelnen, sondern auch für das „kollektive Ich" einer Familie oder Gruppe. Irgendwann kreist man dann nur noch um sich selbst. Deshalb ist es wichtig, sich der „Anziehungskraft des eigenen Bauchnabels" immer wieder zu entziehen: rausgehen, anderen begegnen (zurzeit natürlich nur einer Person und mit 2 m Abstand) oder virtuell kommunizieren (am besten mit Bild), um zu hören, sehen, fühlen, wie es den anderen geht.

Das setzt manche eigenen Gedanken in die rechte Relation und verhindert einen „Sorgen-Tunnelblick", gerade, wenn man alleine lebt. Die Corona-Zeit ist auch eine Chance, alte Freundschaften zu pflegen und neu Beziehungen zu knüpfen.

6. Konflikte sind normal – man sollte sie ehrlich und achtungsvoll führen

Wo Menschen zusammenleben, sind Konflikte nicht die Ausnahme, sondern die Regel. Das ist in der Demokratie als einer Form des politischen „Konflikts in Permanenz" ebenso wie in Familien. Es ist m.E. gerade kein Zeichen von Liebe, sondern von romantisch-illusionärem Kitsch, wenn man glaubt, ohne Konflikte miteinander leben zu können. Familien wie Ehen tragen „in guten wie in schlechten Zeiten". Zur Liebe gehört vielmehr, meine eigenen Macken, Kanten und Grenzen und die der anderen anzunehmen. Entscheidend ist, wie wir mit den Konflikten umgehen, wie wir „liebevoll streiten". Dazu gehört es, ehrlich zu sein, Respekt und Achtung vor einander zu haben, die anderen wirklich verstehen zu wollen, weniger Schuld zuzuweisen, als gemeinsam nach Lösungen zu suchen.

7. Niemals Gewalt – es gibt immer Hilfe von außen

Gerade im unmittelbaren familiären Umfeld, im „sozialen Nahbereich", ist Gewalt gefährlich und verletzend. Weil sie hier im privaten Schutzbereich ohne Fluchtmöglichkeit passiert, weil Täter und Opfer emotional bzw. familiär eng verbunden sind, weil die Gefahr der Wiederholung besteht, weil sie Menschen physisch, seelisch tief und dauerhaft verletzt. Deshalb gilt unbedingt: Niemals Gewalt in der Familie. Darauf müssen vor allem die Überlegenen und Stärkeren achten, besonders in Ausnahme-Zeiten wie der aktuellen Pandemie. So verständlich Überbelastungen sind: Es gibt immer Hilfsmöglichkeiten von außen – von der Unterstützung für konkrete Problem über das Gespräch mit Bekannten, Lehrer/innen oder Pfarrer/innen bis hin zur Telefon-Seelsorge.

Das Wort „Koller" für eine Anwallung von Zorn und Wut geht über das althochdeutsche koloro „Zorn, Bauchweh" auf das lateinische cholera „Galle, Gallenflüssigkeit" zurück.[15] Ehe also die Körpersäfte cholerisch in einem verrücktspielen oder Konflikte eskalieren, sollte man sich körperlich, seelisch und emotional gut pflegen. „Lieber einmal durch den Wald gerannt, als die Sicherungen zu Hause durchgebrannt." Das gilt entsprechend auch, wenn einem das Alleine-Sein zu viel wird und die Aggression droht, sich gegen einen selbst zu richten.

In einem der vielen Artikel zum Thema habe ich gelesen, dass die Corona-Zeit ein Lackmustest für die Gesellschaft sei. Ich glaube, dass sie – trotz der vielfältigen Belastungen und genannten Risiken – auch die Chance bietet, neu zu entdecken, wie viel Liebe, Hilfsbereitschaft und Zusammenhalt in anderen und mir selber steckt. Gebe Gott, dass wir in den kommenden Wochen von uns selbst immer wieder positiv überrascht werden.

6. In Gottes Ohr – Das Gebet der Fremden, Witwen und Waisen in Zeiten der Not
(27. März 2020)

„Dein Wort in Gottes Ohr!" Die Redewendung hat eine theologisch bemerkenswerte Entwicklung erfahren.[16] Früher war sie einmal Ausdruck eines unmittelbaren Erfüllungswunsches und der unbedingten Zustimmung zu dem, was ein anderer gesagt hat: „Gott möge Dich erhören. Genauso soll es geschehen." Mit der Zeit hat sich jedoch ihr Sinn verkehrt. Heute steht sie stattdessen für die Skepsis gegenüber allzu großen Hoffnungen oder frommen Wünschen. Im Sinne von: „Wer's glaubt, wird selig." oder: „Die Hoffnung stirbt zuletzt." Eine Haltung, die manche gerade in Krisenzeiten befällt.

„Dein Wort in Gottes Ohr!" In Bezug auf das Gebet der Fremden, Witwen und Waisen – die auch in Zeiten von Seuchen immer schon besonders bedroht waren und sind – wohnt dem Satz noch einmal eine besondere Bedeutung inne: eine radikale Institutionen-Kritik. Ein eindrückliches Beispiel ist dafür etwa der höchst lesenswerte Text Sirach 35,16–22: Keine Vermittlungsinstanz, keine Hierarchie, kein institutioneller Filter. Stattdessen

die „Gott-Unmittelbarkeit der Geringen". Das ist hochgefährlich für alle hochgestellten oder privilegierten Personen, die ihre Macht gegenüber den Schwachen missbrauchen. Denn sie ignorieren die Verbundenheit des Schöpfers mit jedem seiner Geschöpfe. Gott nimmt das Schicksal der Witwen und Waisen persönlich.

„Dein Wort in Gottes Ohr!" Dies ist die Ur-Erfahrung des Volkes Israel schlechthin, dass Gott das Schreien der Unterdrückten hört und handelt. Am Anfang des Exodus, der gesamten Geschichte Israels steht nicht ein abstraktes Wissen um die Existenz Gottes („dass Gott ist"), sondern die Erfahrung des Erhört-Werdens („dass Gott hört"). Dass Gott das Schreien der Geringen hört, ist der theologische wie sozialrevolutionäre cantus firmus des Alten Testaments (vgl. 2. Mose 2,23; 3,7–10; 22,20–25). Deswegen ist eben auch die Unterdrückung von Fremden, Witwen und Waisen die soziale Ursünde schlechthin: weil das Volk Israel als die Gemeinschaft der im Exodus Erhörten damit seine eigene Identität aufgibt.

„Dein Wort in Gottes Ohr!" Für verschiedene neuzeitliche Denker ist die Tatsache, dass die Unterdrückten jedoch allzu oft nicht erfahren, dass sie erhört werden, ein Hinweis auf eine notwendige Existenz Gottes. Nach Kant etwa braucht es eine ausgleichende Instanz nach dem Tod – als Postulat der praktischen Vernunft. Oder bei dem früheren marxistischen Frankfurter Philosophen Max Horkheimer klingt das so: „Der Gedanke, dass die Gebete der Verfolgten in höchster Not, dass die der Unschuldigen, die ohne Aufklärung ihrer Sache sterben müssen, dass die letzten Hoffnungen auf eine übermenschliche Instanz kein Ziel

erreichen und dass die Nacht, die kein menschliches Licht erhellt, auch von keinem göttlichen durchdrungen wird, ist ungeheuerlich."[17]

„Dein Wort in Gottes Ohr!" Der Ur-Erfahrung des Erhört-Werdens korrespondiert das Urbekenntnis des frommen Israeliten, seinerseits auf diesen hörenden Gott zu hören – ausgedrückt im Schᵉmʻa Jisrael: „Höre, Israel, der HERR ist unser Gott, der HERR alleine. Und du sollst den HERRN, deinen Gott, lieben von ganzem Herzen, von ganzer Seele und mit all deiner Kraft." (5. Mose 6,4–5) Gleichsam: „Gottes Wort in Dein Ohr!" Es geht um eine Beziehung wechselseitiger Sensibilität, in der Gott vom Leiden der Geringen berührt und bewegt wird und der Glaubende sich seinerseits von diesem sensiblen Gott in seinem ganzen Sein (Herz, Seele, Gemüt) berühren und bewegen lässt.

„Dein Wort in Gottes Ohr!" Die Gebets-Kommunikation wird in dem eingangs erwähnten Text aus dem Buch Jesus Sirach geradezu räumlich-physisch konkret vorgestellt: Das Gebet dringt bis zu den Wolken, durchdringt sie, muss dabei einen raumzeitlichen Weg zurücklegen. Darin spiegelt sich metaphorisch die Erfahrung der verzögerten Erhörung – bis hin zu ihrem völligen Ausbleiben. Auch wenn dies hier nicht explizit wird, so ist die Notwendigkeit, die Gewissheit der Erhörung so ausführlich zu betonen, wohl ein Indiz für genau diese Anfechtung, dass sich die Erhörung verzögert oder ausbleibt. Die Wolken als Inbegriff der nicht-menschlichen, physisch-metaphysischen Widerstände.

„Dein Wort in Gottes Ohr!" Immer wieder wird in der Bibel über „Gottes Ohr-Sein für die Schwächsten" nachgedacht. Etwa

in dem Gleichnis von der „bittenden Witwe" (Lk 18,1–8). In der Geschichte wird die Frage „letztinstanzlicher Erhörungsgewissheit" behandelt, die Frage, wie man mit der Unsicherheit umgehen kann, ob das eigene Gebet tatsächlich erhört wird. Als Vorbild dient dabei der Umgang einer Witwe mit einem Richter, der weder Gott noch Menschen fürchtet. Der Richter erhört die drängende Witwe wegen der Mühe, die sie ihm bereitet, und aus Sorge vor einem öffentlichen Eklat. Gott wiederum tut dies – so das Argument a minore ad maius, vom Kleineren zum Großen – noch vielmehr einfach, weil die Unterdrückten seine Auserwählten sind. Doch auch hier spiegelt sich in der Vergewisserung „er wird ihnen Recht schaffen in Kürze" die Erfahrung der Anfechtung wider. Die Lösung kann m.E. nicht darin liegen, den mangelnden Glauben oder die Nachlässigkeit der Betenden zu beanstanden (so tendenziell am Ende des Gleichnisses). Damit würde – als Ausdruck eines theologischen Zynismus – den Fremden, Witwen und Waisen noch eine geistliche Mitschuld an ihrer Lage aufgebürdet. Eine Lösung liegt für mich in dem innergeschichtlich unabgeschlossenen Prozess, in dem Gott eben noch nicht „alles in allem" ist (1. Kor 15,28) und die Erhörung vieler Gebete entsprechend noch aussteht.

„Dein Wort in Gottes Ohr!" Bis einmal die letzte Bitte der Unterdrückten von Gott erhört sein wird, gilt es daher, für einander zum Fürsprecher und zum Ohr zu werden – und so an Gottes Sensibilität für die Geringen teilzuhaben. Das hilft, auch gegen die religiöse Bauchnabel-Fixiertheit mancher Formen von Frömmigkeit, in denen Gott zum Garanten meines je eigenen persönlichen Glücklichseins gemacht wird. Gott hört das Gebet der Fremden, Witwen und Waisen. Darum sollten wir es auch tun.

Gerade in Zeiten, in denen sie vor kollektiver Sorge und Angst vor den Viren leicht aus dem Blick geraten.

„… dass Du hörst."

Es gibt Zeiten, Gott,
da weiß ich nicht,
wie Du bist, ob Du bist,
da ist es nur wichtig,
dass Du hörst.

Darauf hoffe ich,
wenn alles fraglich wird,
wenn die Welt, das Leben, ich selber
auf einmal verrücktspiele:
dass Du hörst.

Dass Du hörst
meine Sorgen und Ängste,
meine sprachlosen Klagen
und das Gebet
aller Fremden, Witwen und Waisen dieser Welt.

Dass Du sie hörst,
selbst dann, wenn sie verstummen,
wenn ihr Leid die Sprache verschlägt -
ihnen, anderen, mir.
Du lässt es an Dich heran,
wenn niemand es mehr hören kann.

Weil Du sie hörst,
will ich nicht schweigen,
will ich für sie, von ihnen, mit ihnen sprechen
und selbst zum Ohr werden
wie Du.

7. Viren, Leid und das Böse – Wieso es wichtig ist, wie wir über die Pandemie reden
(3. April 2020)

Wir können sie nicht sehen, hören, riechen, schmecken oder spüren. Sie bringen Krankheit, Leiden und Tod. Und sie vermehren sich rasant – ohne eigenständig zu leben – parasitär auf Kosten anderer. Diese kurze Charakterisierung ordnet Viren, aktuell speziell das SARS-CoV-2–Virus, den Phänomenen zu, die wir gemeinhin als „böse" bezeichnen. Gerade im Blick auf ihr parasitäres, nicht selbständiges Wesen können „Viren" sogar zu einer Metapher für das „Böse" auch in anderen Lebensfeldern werden: eine Wirklichkeit, die nicht selber existiert, sondern sich nur abhängig von anderen, oft menschlichen Wirten vermehren und realisieren kann. Von Computer-Viren über die virale Wirkung rassistischer oder antisemitischer Gedanken bis hin zum „Bösen an sich" – das nicht „nicht ist", aber eben auch „nicht etwas ist", sondern dessen Wesen paradox formuliert gerade in seiner Nichtigkeit besteht (Karl Barth).[18]

Doch so verführerisch naheliegend die Bewertung von Viren als „böse" ist, so problematisch ist sie zugleich. Zum ersten, weil die Sichtweise sehr anthropozentrisch ist. In ähnlicher Weise ließe sich etwa auch vieles andere als „böse", weil menschenfeindlich einordnen: etwa Bakterien, Mücken, Zecken, Läuse, Wanzen, giftige Pilze, Spinnen, Schlangen oder Raubtiere. Entsprechend wären Menschen als „böse", weil lebensfeindlich für fast alle Tier- und Pflanzenarten zu werten. Zum zweiten spielen Viren durch ihren Gen-Transfer nicht nur in der Evolution eine wichtige Rolle. Sie können auch (im engeren menschlichen Interesse) gezielt zu therapeutischen Zwecken eingesetzt werden z.b. bei Tumoren, antibiotika-resistenten Bakterien oder Gendefekten. Zum dritten schließlich bleibt unklar, was eigentlich genau damit gemeint ist, wenn wir sagen, Viren seien „böse". Wie wichtig sprachliche Klarheit an dieser Stelle ist, zeigen drei Beispiele aus der aktuellen Diskussion der Corona-Pandemie.

1. „Wir sind im Krieg." (Trump, Macron)

Das Anliegen dieser martialischen Rhetorik ist leicht erkennbar: Die Bevölkerung soll zu außerordentlichen Anstrengungen in einer Ausnahmesituation bewegt und die Einschränkung demokratischer Freiheitsrechte legitimiert werden. Ebenso erkennbar ist diese Redeweise aber auch ein deutlicher Indikator von Populismus: Es geht um den Dualismus von „Wir gegen das Böse" oder konkreter „Wir vs. Virus". Im Blick auf eine Pandemie ist die Kriegs-Metaphorik aber nicht nur schief, sondern sogar gefährlich: Sie ist schief, weil „Kriege" eine Wirklichkeit von Leid beschreiben, die von Menschen gemacht ist, die vermeidbar ist, in der Menschen, Bevölkerungsgruppen, Länder gewaltsam gegeneinander kämpfen. All dies trifft auf eine Pandemie nicht zu. Und im Blick auf den letzten Punkt ist die Analogie sogar explizit gefährlich. Denn in einer Pandemie geht es gerade darum, nicht gegeneinander zu kämpfen. Gefragt ist vielmehr Solidarität – individuell, gesellschaftlich, international. Wie problematisch hier Kampf-Logiken sind, zeigt der Umgang mit knappen Ressourcen (etwa Masken, Beatmungsgeräten oder absurderweise Klopapier). Den Viren ist unser Krieg, bildlich gesprochen, nicht nur „herzlich egal". Die große Gefahr ist, dass der Krieg sich von den Viren auf die Wirte überträgt: die Infizierten, die Fremden, die Konkurrenten.

2. „Irgendjemand muss schuld sein."

Wenn von „Bösem" gesprochen wird, wird oft in Täter-Opfer-Kategorien gedacht. Auch in der aktuellen Pandemie äußert sich das tiefsitzende Bedürfnis, irgendwie irgendjemanden dafür zur Verantwortung zu ziehen: die Tier-Verkäufer auf dem Markt von Wuhan, die vertuschenden chinesischen Behörden, die heimischen Politiker oder sich selbst als Träger der kollektiven Ignoranz, uns könne dies nicht betreffen, die Verantwortlichen in Ischgl, Verzögerer wie Thomas Bach oder Leugner wie Bolzonaro, Propagandisten einer neoliberalen Verknappung des Gesundheitswesens, Krisen-Spekulanten von medizinischen Gütern u.a. So richtig es ist, Verantwortlichkeiten im Umgang mit der Pandemie zu klären – ethisch, politisch, juristisch, so wenig lässt sich das durch die Pandemie verursachte Leid einfach im Modell eines Täter-Opfer-Denkens fassen. Es gibt Erfahrungen von Leid, die sich dieser Vorstellung entziehen. Darauf hat bereits Leibniz in seinem Essai de Théodicée (1710)[19] verwiesen, indem er physisches Übel von moralischem und metaphysischem Bösen unterschied. Auch wenn die Wechselwirkungen fließender sind und die Phänomene von Leid und Bösem vielfältiger, als es diese idealtypisch-harmonische Differenzierung nahelegt, zeigt sie zurecht die Grenzen des Täter-Opfer-Denkens.

3. „Die sollen dafür sorgen, dass das aufhört."

Komplementär zur Schuld-Frage gibt es in der Pandemie eine Erwartungshaltung an Entscheidungsträgerinnen und Experten, die mitunter geradezu messianischen Charakter annimmt. Der Wunsch nach einem „weißen Ritter" gegen das Böse. Die Virolog/innen sollen exakt wissen, was da genau geschieht, und umgehend ein Heilmittel finden. Die Politiker/innen sollen weit vorausschauend Lösungsstrategien und fertige Master-Pläne haben. Und oft werden die Kompetenz-Erwartungen dabei munter vermengt.

So verständlich diese Wünsche sein mögen, so belastend und erdrückend können sie für Verantwortungsträger sein, wie sich aktuell zeigt. Es gehört zur sinnwidrigen Wirklichkeit des Leidens, gerade wenn es pandemische Ausmaße hat, dass es unser Verstehen und Beherrschen an Grenzen führt. Wir sind in einem offenen, gemeinsamen Leidens- und Lernprozess, den niemand bisher so kennt noch einfach beenden kann. Es gibt in dieser weltweiten Krise keinen „weißen Ritter", sowenig wie eine „Armee" böser Viren. Was es vielmehr gibt und auch braucht, sind Menschen in vielen Ländern, die je an ihrem Ort solidarisch, rational und engagiert forschen, entscheiden, handeln.

Für das Verstehen und den Umgang mit der aktuellen Pandemie ist dabei eine klare Differenzierung von „Leiden und Böse(m)" wichtig, wie sie etwa von dem Theologen Ingolf U. Dalferth in seinem gleichnamigen Buch eingehend entfaltet wird.[20] Leiden, so Dalferth im Anschluss an Levinas, ist an sich sinnlos und widersinnig. Es gründet in der Widerfahrnis von etwas, das Leben zerstört, verletzt, mindert, belastet. Und es ist Unsinn, wenn versucht wird, dem Leiden an sich einen innewohnenden, höheren, gar religiösen Sinn verleihen zu wollen. Dies gilt es gegen religiöse „Leid-Verklärungen" gleich welcher Provenienz zu betonen.

Etwas Anderes ist die Frage, wie der Mensch seinerseits mit der reflektierten und gedeuteten Erfahrung von Leid umgeht, wie er das an sich Sinnlose und Sinnwidrige im Sinnhorizont seines Lebens versteht, verarbeitet, mit ihm umgeht. Und dabei die Freiheit gewinnt, sich nicht selbst passiv von dem Leiden bestimmen zu lassen.

Und erst hier kommt das „Böse" im religiösen Sinn als ein Orientierungs- und Beziehungsbegriff ins Spiel. Leiden ist demzufolge nicht an sich „böse", sondern ich erfahre in und am eigenen oder fremden Leiden eine Lebens- und Sinnwidrigkeit, die es für mich zu etwas „Bösem" macht. Das Virus ist nicht an sich „böse", sondern die durch das Virus verursachte Pandemie ist für uns „böse", weil Menschen durch sie massive Leiden gesundheitlicher, seelischer, ökonomischer Art erfahren.

Aufgabe von Theologie ist es, Orientierung im Umgang mit der Sinnlosigkeit des Leiden zu vermitteln und so der erfahrenen Wirklichkeit von „Bösem" entgegen zu glauben, zu hoffen, zu lieben. Etwa, indem sie dazu beiträgt, dass die Pandemie uns eben nicht passiv oder ängstlich selbstfixiert macht. Sondern dass wir ein neues solidarisches „Für-Einander-Dasein" mit Menschen vor Ort wie weltweit praktizieren – aller Sinnwidrigkeit zum Trotz.

Darum geht es in christlicher Perspektive im Blick auf das anstehende Fest von Kreuz und Auferstehung Jesu Christi:
- Der Sinnwidrigkeit von Leid, Tod und dem durch sie erfahrenen „Bösen" entgegen zu leben.
- Mit Christus Gott bis zuletzt nicht aus der Verantwortung zu lassen, gleichsam mit Gott um Gott zu ringen.
- Bis Gott selbst am Ende das Kreuz zum Zeichen einer neuen Hoffnung macht.

Genau dies ist die verwegene Zuversicht des Osterglaubens: dass das „Böse" ein für alle Mal besiegt, gebrochen, entmachtet ist, aller bleibenden Erfahrung von sinnlosem Leiden zum Trotz.

8. Warum die Auferstehung unglaublich, aber plausibel ist
(12. April 2020)

Es ist Ostern, das Fest der Auferstehung Christi – und mithin das Fest der Hoffnung wider die Macht des Todes. Eine weit verbreitete Meinung zu dem Thema lautet:

„1. Die Auferstehung ist unplausibel. Sie widerspricht der empirischen Wahrnehmung ebenso wie dem gesunden Menschenverstand.

2. Weil die Auferstehung eben nicht plausibel ist, muss man sie glauben. Sie ist mithin eine Frage des Für-Wahrhaltens, eine religiöse Ansichtssache, besonders für Gemüter, die eine entsprechende religiöse Musikalität mitbringen.

3. Als Glaubenssache geht es dabei, wenn überhaupt, um die Seele. Der tote, leblose Körper, der immer weiter erkaltet und zerfällt, spricht hier eindeutig eine andere Sprache.

Kurz: Die Auferstehung ist unplausibel, man muss sie glauben und es geht um die Seele."

In der Corona-Zeit mit den täglichen Nachrichten von Infizierten, Kranken und Sterbenden erfährt die kritische Infragestellung des Auferstehungsglaubens täglich neue Nahrung. Die Endgültigkeit des Todes ist offensichtlich, der Auferstehungsglaube dagegen paradox (im Sinne von gegen den Augenschein).

Ich halte es jedoch angesichts der aktuellen Herausforderungen für wichtig, dass Trost und Hoffnung wider den Tod einen tiefen Halt auch im Denken haben. Im Folgenden werde ich daher allen drei Punkten widersprechen.
Meine Gegenthesen lauten:

1. Die Auferstehung ist rational plausibel.
2. Sie ist allerdings – im strengen theologischen Wortsinn – „unglaublich".
3. Und die Pointe der Auferstehung liegt gerade darin, dass es um den Leib, das Fleisch, noch konkreter die Haut des Menschen geht.

Das Ganze ist dabei ein durchaus heikles Unterfangen:
Der erste Teil ist intellektuell knifflig, weil ich mich auf fremdes philosophisches Terrain wage.
Beim zweiten Teil muss ich gleichsam „höllisch" aufpassen, nicht als Ketzer zu enden („Pfarrer Latzel behauptet, dass die Auferstehung unglaublich sei!").
Der dritte Teil schließlich wird zur Nagelprobe, was das konkret heißt. Es geht um die Haut.
Ich zähle vorab auf Ihre Nachsicht. Im schlimmsten Fall geht es mir so wie Ovid über Phaethon sagte: „Und wenn er auch stürzte, so scheiterte er doch bei großem Versuch."[21]

1. Warum die Auferstehung plausibel ist

Seit der Neuzeit haben wir einen unvergleichlichen Siegeszug der Naturwissenschaften erlebt, der aktuell rasant weitergeht: Gen-Forschung, Neuro-Wissenschaften, Nanotechnologie, Digitalisierung. Das ist ein großer Gewinn. Und es ist umgekehrt weder Kennzeichen eines reifen Glaubens noch einer klugen Theologie, wenn er oder sie versucht, diesen Erkenntnisfortschritt einzugrenzen, madig zu machen oder in einem intellektuellen Rückzugsgefecht nach den bleibenden Erklärungs-Lücken zu suchen, um dort irgendwie doch noch Gott ins Spiel bringen zu können. Dies ist der m.E. theologisch wie intellektuell schwache Ansatz des Kreationismus oder eines „Intelligent Design".

Umgekehrt ist es nun jedoch eine verbreitete These des sogenannten Naturalismus (oder Positivismus), dass das und nur das wirklich sei, was die Wissenschaft, genauer die Naturwissenschaft lehre oder von ihr irgendwie empirisch dargelegt werden könne.

Alles andere sei irrational, unwissenschaftlich, unplausibel, gegen den gesunden Menschenverstand.

Eine starke Form des Naturalismus lautet dabei, dass nichts anderes existiere als das, was sich naturwissenschaftlich beweisen lasse. Wirklich sei nur, was es vorfindlich gebe. Ein Leben nach dem Tod gebe es demzufolge nicht.

Eine schwächere Form dagegen sagt, dass die Möglichkeit der Existenz von anderen „Dingen" nicht ausgeschlossen werden müsse, dass sie für uns aber schlicht irrelevant und unverständlich sei. Die Frage also, ob es eine Auferstehung gebe oder nicht, wird demnach einfach verabschiedet. Weil sie sich unserer Erfahrung entziehe, weil wir keinerlei sinnvolle Aussagen dazu machen könnten, die sich empirisch auch nur irgendwie verifizieren oder falsifizieren ließen, bleibe die Antwort im Grunde egal.

Nun, dieser Meinung kann man sein. Sie ist allerdings selbst keine naturwissenschaftliche Aussage. Die Aussage, dass nichts existiere, was sich nicht naturwissenschaftlich beweisen lasse, lässt sich eben selbst nicht naturwissenschaftlich beweisen. Sie ist von ihrem Status her „meta-physisch". Und wie alle metaphysischen Positionen lässt sie sich letztlich weder belegen noch widerlegen. Die Frage ist vielmehr, ob sie plausibel ist, was man mit ihr gewinnt oder was man sich mit ihr einhandelt. Das hat etwa Holm Tetens in seinem lesenswerten Buch „Gott denken" eindrücklich dargelegt, dem die folgenden Überlegungen viel verdanken[22].

Der Gewinn des Naturalismus liegt m.E. vor allem darin, dass er die einfachere Theorie ist. Er kommt im Sinne von „Occams Rasiermesser"[23] mit weniger Annahmen aus: „non sunt multiplicanda entia sine necessitate" – Wesenheiten dürfen ohne Notwendigkeit nicht vermehrt werden. Gott, Seele, Glaube, Auferstehung – gestrichen. Nicht existent, weil nicht notwendig.

Und aus sehr verschiedenen Perspektiven wird diese metaphysische Sparsamkeit als Gewinn verstanden: Anstatt Eigenschaften der Menschheit auf Gott zu projizieren, werden diese zurückgeholt zum Menschen (Feuerbach). Religion hält als „Opium des Volkes" und Jenseitsvertröstung die Menschen nicht mehr davon ab, sich mit den harten Wirklichkeiten, den Ketten ihrer ökonomischen Existenz, auseinanderzusetzen (Marx). Es ist die Befreiung des Menschen aus einer kollektiven Zwangsneurose (Freud) bzw. einem Gotteswahn (Dawkins).

Ohne auf diese Positionen einzeln eingehen zu können, nur ein paar kurze Kritikpunkte:

- Das naturwissenschaftliche Weltbild ist keineswegs so geschlossen, wie es etwa Anfang des 19. Jh. ausgesehen hat (Stichwort Quanten-, Relativitäts- oder Stringtheorie).

- Die Religion hat sich, anders als früher angenommen, rein empirisch keineswegs mit fortschreitender Modernität erledigt. Im Gegenteil.

- Und dass eine „gottfreie Gesellschaft" menschenfreundlicher sei, ist angesichts der bisherigen geschichtlichen Erfahrungen ebenso fraglich wie, dass Atheisten per se die freieren Menschen wären.

Doch unabhängig von diesen Einwänden bleibt die Frage, ob die naturalistische Behauptung: „Wirklich ist das und nur das, was die Naturwissenschaft zeigt", plausibel ist oder ob sie eine Simplifizierung der komplexen Wirklichkeitserfahrung des Menschen darstellt.

Meine Argumentationsbasis dabei sind im Folgenden Sie. Ihre und meine alltägliche Wirklichkeitserfahrung. Zu Ihrer und meiner Wirklichkeitserfahrung gehört:

- Dass wir gemeinsam über Auferstehung nachdenken. Die Frage nach dem, was „danach" kommt, ist da und nicht wegzudenken, weil wir uns selbst nicht wegdenken wollen oder können. Es geht um das Wunder, dass wir sind und nicht „nicht sind" – und die Unbegreiflichkeit, dass wir einmal nicht mehr sein werden.

- Es ist m.E. zwar denkbar, aber subjektiv nicht wirklich plausibel, dass alles, was ich bin, was ich war, was ich erlebt habe, einfach hinfällig und verloren ist – auch dann nicht, wenn niemand mehr an mich denkt. Etwa alle Ihre und meine Sommerurlaube. Auch wenn das letzte Urlaubsfoto vergilbt ist, auch wenn sich in 100, 500, 1.000 Jahren niemand mehr daran erinnert, dass Sie und ich gelebt haben, glaube ich nicht, dass dann alles nichtig, verloren, ohne Bedeutung sein wird.

- Zu meiner, unserer Wirklichkeitserfahrung gehört zudem, dass es Sinn, Werte, Freundschaft, Schönheit gibt – alles Dinge, zu denen ich zwar empirische Begleitphänomene angeben, aber sie naturwissenschaftlich nicht hinreichend beschreiben kann. Zumindest nicht in der Art und Weise, wie Sie und ich sie subjektiv erleben.

- Zu unserer Wirklichkeitswahrnehmung gehört die Hoffnung auf eine ausgleichende Gerechtigkeit. Dass all die vielen Millionen unschuldigen Opfer von Gewalt, Krieg, Folter, Unterdrückung einmal Recht erfahren werden. Und dass die Gewalttäter nicht einfach so davonkommen werden. Eine Hoffnung, die sich innergeschichtlich, empirisch nicht erfüllt, die damit aber keineswegs für unser Tun und Handeln hinfällig wird und ihre Bedeutung verliert.

- Zu meiner Wirklichkeitserfahrung gehört die Liebe zu meiner Frau, meinen Kindern, meinen Eltern, die von mir als mehr und etwas anderes erfahren wird, als es sich mit neuronalen bzw. hormonellen Prozessen oder mit einem evolutionären Mechanismus beschreiben lässt. Diese Beschreibungen halte ich schlicht für unterkomplex.

– Zu meiner, Ihrer Wirklichkeitserfahrung gehört es, dass es tatsächlich von Bedeutung ist und eine Rolle spielt, was wir mit unserem Leben anfangen: ob wir anderen Menschen in der Corona-Krise helfen oder ob wir einander allein lassen, ob es Sie, mich, Frankfurt, die Menschheit überhaupt gibt oder nicht. Das alles spielt eine Rolle – auch wenn es nicht einmal einen Wimpernschlag in der Geschichte des Alls ausmacht.

Ich halte es für höchst kontraintuitiv, dass dies alles als „evolutionärer Zufall irgendwo in den Weiten des Alls" hinreichend beschrieben ist. Und dass es alles irgendwann einmal nicht mehr von Bedeutung sein soll.

Wohl gemerkt: Ich behaupte nicht, dass es deshalb die Auferstehung geben muss oder dass man sie so beweisen kann. Ich behaupte aber, dass die Vorstellung einer Auferstehung – auch wenn sie sicher paradox (also wider den Augenschein) ist – keineswegs irrational oder gar absurd ist.

Vielmehr bin ich überzeugt, dass sie sogar eine höhere Plausibilität hat im Blick auf die Art und Weise, wie wir leben und uns selbst erleben, als die Behauptung, dass nur das wirklich sei, was es empirisch vorfindlich gibt. Gott, Glaube, Auferstehung auszublenden, ist naturwissenschaftlich notwendig und methodisch äußerst ertragreich im Blick auf einen bestimmten Zugang zur Wirklichkeit. Als einzige Form des Wirklichkeitszugangs halte ich es jedoch für eindimensional, reduktionistisch und wenig plausibel.

2. Warum die Auferstehung unglaublich ist

Wenn also die Auferstehung rational gesehen keineswegs unplausibel ist, so ist sie doch – im theologischen qualifizierten

Wort-Sinn – „unglaublich". Wir können Sie zwar intellektuell für wahr oder wahrscheinlich halten, wir können darauf innerlichst hoffen, wir können sie im Glaubensbekenntnis bezeugen – aber der eigentliche Zugang zu der Wirklichkeit der Auferstehung bleibt uns als Menschen versperrt.

Oder in Abwandlung eines Zitats Martin Luthers gesprochen (nur um den Vorwurf der Ketzerei zu vermeiden): „Ich glaube, dass ich nicht aus eigener Vernunft noch Kraft an Jesus Christus, unseren Herrn, glauben oder zu ihm gelangen kann"[24] – und auch nicht an die Auferstehung.

Das ist eine der zentralen Pointen aller Geschichten von der Auferstehung Christi im neuen Testament: Die Auferstehung ist unglaublich.

Nun ist ja das Schöne, dass wir nicht nur ein, sondern gleich vier Evangelien haben. Das ist kein redaktionelles Missgeschick des Heiligen Geistes, sondern Ausdruck einer genuinen Pluralität aus Glauben. Die Wirklichkeit des Glaubens lässt sich nicht objektiv, abstrakt wiedergeben, sondern bezieht uns als Glaubende und Zweifelnde immer mit ein. Es gibt sie nur so, dass sie sich einem konkreten Menschen erschließt. Die Schilderungen der vier Evangelisten sind dabei in verschiedener Hinsicht markant unterschiedlich, etwa im Blick auf das, was Jesus als letzte Worte am Kreuz gesagt hat. Oder auch in Bezug darauf, welche Ostergeschichten sie erzählen. Hinsichtlich der Unglaublichkeit der Auferstehung sind sie sich jedoch alle einig.

Nehmen wir zunächst Markus, den ältesten und archaischsten unter den Evangelisten. Ursprünglich – darauf deuten alte Handschriften hin – endete sein Evangelium wohl so: Die drei Frauen, Maria von Magdala, Maria, die Mutter des Jakobus und

Salome, machen sich am Ostermorgen auf den Weg zum Grab. Der Engel sagt ihnen die frohe Botschaft, dass Christus erstanden ist und sie nach Galiläa gehen sollen, dort würden sie ihn sehen. Dies sollen sie den Jüngern sagen. Und dann heißt es: „Sie gingen hinaus und flohen von dem Grab, denn Zittern und Entsetzen hatte sie ergriffen. Und sie sagten niemandem etwas, denn sie fürchteten sich sehr." (Mk 16,8)

Das ist, sagen wir mal, kein ganz einfacher Schluss für ein Evangelium, das Glauben wecken will. Hat eher etwas von einem Cliffhanger in einer Netflix-Serie. Deshalb haben spätere Kommentatoren auch eine Zusammenfassung, eine Art „Best of", aus den anderen Ostergeschichten drangehängt. Die eigentliche Pointe war aber, dass man auch als Leser die Ostergeschichte nur versteht, wenn man nach „Galiläa", also an den Anfang des Markus-Evangeliums, zurückblättert und von dort die Geschichte Jesu noch einmal aus österlicher Sicht anfängt zu lesen.

Die Auferstehung erschließt sich nur, wenn man dem Lebensweg Jesu von Galiläa aus nachfolgt. Und der Lebensweg Jesu, wenn man ihn von seiner Auferstehung her versteht. Das geniale Konzept einer „Zirkel-Lektüre".

Matthäus mildert die Unglaublichkeit etwas ab. Aber auch bei ihm heißt es am Ende, als der auferstandene Christus seinen Jüngern in seiner ganzen Herrlichkeit und lichten Klarheit auf einem Berg in Galiläa erscheint: „[...] einige aber zweifelten" (Mt 28,17).

Lukas führt diese Unglaublichkeit der Auferstehung in der Geschichte der „Emmausjünger" noch viel ausführlicher aus. In ihr gehen zwei Jünger neben Jesus her, diskutieren stundenlang mit ihm, sehen ihn und erkennen ihn doch nicht. Erst als er ihnen das Brot bricht, werden ihnen die Augen geöffnet – und prompt ist er ihrem Blick entzogen. (Lk 24,13–35)

Bei Johannes schließlich scheitern alle Protagonisten in der Begegnung mit dem Auferstandenen. Erst macht Petrus mit Johannes einen Wettlauf zum leeren Grab, sieht es und versteht nichts. Dann begegnet Maria von Magdala Jesus selbst – und hält ihn für einen Gärtner. Und schließlich gewinnt der Unglaube eine Gestalt: Thomas, der sprichwörtlich gewordene Zweifler, der nicht glauben kann, wenn er nicht die Finger in Jesu Wunden und die Hand in seine Seite gelegt hat. Doch Thomas ist nicht die Ausnahme, sondern er ist die Regel. (Joh 20,1–31)

Die Unglaublichkeit der Auferstehung hängt ja nicht daran, dass die ersten Christen als fromme Juden sich eine Auferstehung nicht hätten vorstellen können – anders als etwa bei der Areopagrede des Paulus, wo seine griechisch-gelehrten Zuhörer allein beim Gedanken einer Auferstehung innerlich abwinken: „Darüber wollen wir dich ein andermal hören." (Apg 17,32) Prinzipiell, theoretisch, rational war das für sie kein Problem. Aber auch als Menschen, denen die Vorstellung der Auferstehung geläufig ist, können sie den Auferstandenen von sich aus nicht erkennen. Es geht in der Auferstehung um eine Wirklichkeit Gottes, die sich nur von Gott selbst her erschließt. Sie ist gleichsam eine Tür, die sich uns nur von der anderen Seite öffnet. „Ich glaube, dass ich nicht aus eigener Vernunft noch Kraft an Jesus Christus, meinen Herrn, glauben oder zu ihm kommen kann" –

auch nicht zu der Auferstehung der Toten. Es ist, wieder mit Luther gesprochen, der Heilige Geist, der mich „durch das Evangelium berufen hat, mit seinen Gaben erleuchtet, im rechten Glauben heiligt und erhält" – und so auch erst einen Zugang zur Auferstehung schafft. Oder mit der paradoxen Jahres-Losung formuliert: „Ich glaube, hilf meinem Unglauben." (Mk 9,24) Die Auferstehung ist letztlich wie die Liebe eine Wirklichkeit Gottes: nichts, was ich habe, begreife, verstehe, sondern was an mir, mit mir, durch mich geschieht. Womit wir beim dritten und letzten Punkt sind.

3. Was es mit der Auferstehung des Fleisches, genauer der Haut auf sich hat

Im apostolischen Glaubensbekenntnis sprechen wir ja im dritten Artikel: „Ich glaube an den Heiligen Geist, [...] die Auferstehung der Toten". Wie ich in einem früheren Impuls schon einmal entfaltet habe, halte ich das für theologische „Weicheierei". Im lateinischen Text des apostolischen Glaubensbekenntnisses heißt es ja genauer „carnis resurrectionem" – also Auferstehung des Fleisches.[25] Das ist wichtig, gerade im Unterschied zu einem dualistischen Denken, etwa in der Tradition Platons. Dort gilt der Leib als der ‚Sarg der Seele' und im Tod scheidet sich die unsterbliche Seele von dieser vergänglichen Hülle. Damit geht eine Abwertung des Leibes einher, wie eine Geringschätzung der Schöpfung insgesamt. Kern der christlichen Auferstehungshoffnung ist dagegen, dass es um eine Erlösung *der* Schöpfung, nicht *von der* Schöpfung geht.

Dem biblischen Zeugnis entspricht daher meines Erachtens eher eine Ganztod-Vorstellung: Der ganze Mensch als Leib und

Seele stirbt. Ein radikaler Bruch, ohne einen unsterblichen Teil in mir. Die Kontinuität ruht allein in Gott, in dessen Liebe wir aufgehoben, erinnert, bewahrt sind. Und der ganze Mensch als Leib und Seele ersteht neu.

Hier ist nun die Unterscheidung des biblischen Leib-(soma)-Verständnisses von einer landläufigen, neuzeitlichen Körpervorstellung wichtig. „Körper" in einem verbreiteten, allgemeinen Sinn meint – vereinfach gesagt – die spezifische Ansammlung und Konstellation dieser verschiedenen chemischen Stoffe und Atome, die sich immer wieder erneuern. Bei Leib (soma) im biblischen Sinn geht es dagegen um mich selbst als ganze Person – in meiner körperlichen Verfasstheit. Um mich als Geschöpf.

Ich habe nicht einen Leib, sondern ich bin Leib als ein Wesen, das nicht ohne seine je verschiedene körperliche Verfasstheit zu denken ist. Also: Nicht die ‚unsterbliche Seele' oder die ‚Idee' von Jesus Christus wird auferweckt und es findet auch keine Rekonstruktion seiner damaligen Atome und Moleküle statt, sondern der wirkliche Mensch Jesus mit all seinen Lebenserfahrungen, inklusive seiner Wunden vom Kreuz ersteht zu einem neuen Leben.

Und hier kommt jetzt die Sache mit der Haut ins Spiel. Denn auch die Rede von der Auferstehung des Fleisches kommt so in der Bibel eigentlich nicht vor. Die Stelle, auf die sich das Glaubensbekenntnis bezieht, ist Hiob 19,26 – und dort ist (in der griechischen Fassung, der Septuaginta) von der „Auferstehung der Haut" die Rede.[26] Es geht bei „Haut" um die Kontaktfläche zwischen mir und der Welt. Das, was in Gott von mir bewahrt, aufgehoben, erinnert ist, ist nicht irgendeine Idee von mir. Sondern alle Liebe, die ich als körperlich verfasstes Wesen von anderen erfahre oder anderen tue – wie auch alles Leiden, das ich von anderen erfahre oder ihnen zufüge. Beides ist eingezeichnet auf meiner Haut als der kommunikativen Kontaktstelle zwischen der Welt und mir. Heute würde man hier von einem „embodiment", einer Inkorporation sprechen: Die Küsse und Lügen auf meinen Lippen, das Streicheln und die Schläge auf meinen Rücken, die Lachfalten und die Griesgrämigkeit um meine Augen. Das alles ist eingegangen in meinen Körper.

Bei der Auferstehung des Fleisches geht es um eine Art Lebensstenogramm auf unserer Haut. Genauso, wie auch der auferstandene Christus noch die Wundmale des Kreuzes bleibend an sich trägt. Wenn meine Haut aufersteht, so bekommt alles, was ich tue und was mir getan wird, eine ewige Bedeutung. Ich bin nicht denkbar ohne die eingezeichneten Erfahrungen auf meiner Haut.

Es ist nicht egal, was meine Hände tun oder mit ihnen getan wird, was meine Augen sehen, was meine Lippen sagen. Das alles geht als Teil meiner körperlichen Erfahrung mit ein – verwandelt, erlöst, befreit – in die ewige Liebeswirklichkeit Gottes. Darum geht es meines Erachtens bei der unglaublichen, aber plausiblen Vorstellung von der Auferstehung des Leibes, des Fleisches, der Haut.

Zum guten Schluss: In einer Studie zum Glauben der Kirchenmitglieder habe ich vor längerer Zeit einmal eine schöne, prägnante Zusammenfassung dieser Vorstellung gefunden. Dort antwortete eine Frau auf die Frage danach, wie sie sich ein Leben nach dem Tod vorstellt: „Ich glaube, wir werden uns alle noch wundern. Da steckt für mich eigentlich alles drin.

Zum Ersten wird es ganz anders sein, als wir es uns vorstellen. Wir werden uns wundern.

Zum Zweiten werden wir selbst aber auch da sein, damit wir uns überhaupt wundern können.

Und zum Dritten wird es wunderbar sein."

Ich wünsche Ihnen und Ihren Familien ein gesegnetes Osterfest – und eine trotzige Hoffnung wider die tägliche Präsenz des Todes.

9. SEHEN-KÖNNEN UND NICHT-IMMER-SEHEN-MÜSSEN
Von der Gnade der Kurzsichtigkeit
(17. April 2020)

Das Allererste, was Gott schuf, war das Licht. So erzählt es die Bibel im ersten Schöpfungsbericht – und das interessanterweise sogar, noch bevor es Sonne, Mond und Sterne gab:

„Und Gott sprach: Es werde Licht! Und es ward Licht. Und Gott sah, dass das Licht gut war. Da schied Gott das Licht von der Finsternis und nannte das Licht Tag und die Finsternis Nacht. Da ward aus Abend und Morgen der erste Tag."

Es ist die erste Schöpfungsgabe Gottes, dass wir sehen können. Das Licht. Und dass wir nicht immer sehen müssen. Die Finsternis. Sehen können und nicht immer sehen müssen, beides ist für den Glauben eine Gabe Gottes.

Unter allen Sinnen des Menschen hat das Sehen eine besondere Stellung. Es ist der erste und der letzte Sinn des Menschen. Wenn wir geboren werden, „erblicken wir das Licht der Welt". Wenn wir sterben, „schließen wir die Augen".

Und selbst, wenn wir nicht sehen, bleiben dennoch Bilder in unserem Kopf und begleiten uns bis in unsere Träume.

Dabei tut es nicht gut, immer alles zu sehen. Besonders von Kindern kennt man das. Sie schützen sich selbst oder werden von anderen geschützt, damit Bilder von Gewalt und Grausamkeit nicht in ihre Seele dringen. *„Schau da nicht hin!"* Und manchmal wünscht man sich selber eine Hand vor den Augen, damit die Leiden in den täglichen Nachrichten nicht in einen eindringen. Die Bilder von Lastwagen mit Särgen aus Bergamo, von Kühlcontainern hinter Kliniken in New York, von katastrophalen Zuständen in Krankenhäusern Venezuelas, vom überfüllten und unterversorgten Flüchtlingslager Moria, von der durch die Pandemie dramatisch verschärften Situation in südafrikanischen Townships oder brasilianischen Favelas. Alles Bilder eines einzigen Corona-Brennpunkts. Wer nicht filtert, wird verrückt. Zur seelischen Gesundheit gehört die notwendige Empathie, die engagierte Teilhabe am Leid der anderen – und ein gerütteltes Maß Verdrängung. Die Frage ist, welches das rechte Maß ist.

Von der vermeintlichen Gnade des Nicht-sehen-Müssens handelt der Text *„Ihr glücklichen Augen"* von Ingeborg Bachmann aus dem Jahr 1972.[27] Es geht in der Geschichte um das Liebesleid Mirandas, zu Deutsch „die Bewundernswerte", die stark kurzsichtig ist. Ihre Seh-Schwäche nutzt die Hauptperson als eine Form kreativer Wirklichkeits-Ausblendung. Man muss nicht immer alles sehen. Die gelben Zähne ihres Geliebten etwa oder die unschöne Tatsache, dass er sie betrügt. Um dies nicht wahrnehmen zu müssen, setzt sie einfach immer wieder die Brille ab. Dafür knallt sie dann gegen Glastüren und grüßt Laternenpfähle. Jede Ausblendung hat ihren Preis. Die Mainzer Künstlerin Lisa Weber hat die Idee von Bachmann aufgenommen in ihrer Video-Installation *„With a fading glance" – mit einem verblassenden Blick,* die 2017 im Rahmen einer Kunstinitiative der EKHN gezeigt wurde.[28] Ein Tag im Leben einer jungen Frau, die wie Miranda zwischenzeitlich immer wieder ihre Brille abnimmt. Die es immer wieder vorzieht, unscharf zu sehen. Denn da gibt es die anderen. „Die Hölle, das sind die anderen" (Satre). Ihre Freunde als eine Laster-Gruppe. In eindrücklichen Szenen stehen sie gleichsam für die Todsünden der Menschen. Etwa die *Wollust* – der Freund mit der Mütze, der gerade neben ihr aus dem Bett aufgestanden ist und dann gleich auf dem Sofa neben einer anderen sitzt. Oder die *Trägheit* – ein anderer Freund im Eselskostüm, der immer und überall schläft: zu Hause wie im Büro. Unklar bleibt dabei, was ihr eigener Anteil an dem Geschehen und Gesehenen ist. Sehen ist ja immer auch interpretativer Akt. Wir haben niemals keine Brille auf. Wir sehen immer etwas „als etwas". Und vielleicht ist das „Nicht-so-genau-wahrhaben-Wollen", die *Ignoranz* gegenüber den Übeln und dem Leiden der Welt, eine Sünde anderer Art. Zum Schluss erfährt die junge Frau die harte Widerständigkeit der Wirklichkeit, als ihre „Freunde" sie vor eine Glasscheibe laufen lassen, die sie vor ihr hochhalten. Inbegriff freundschaftlicher Infamie. Danach kehrt sie wieder in ihre Wohnung zurück und macht alle Lichter an, bis alles von einem hellen Licht überblendet wird.

Sehen hat etwas mit Nähe zu tun, mit meinem Bezug zur Welt. Wie viel Wirklichkeit lasse ich an mich heran? Was gehört zu meiner Nah-Welt? Ich erinnere mich noch an das Gefühl, als ich selbst mit zwölf Jahren meine erste Brille wegen Kurzsichtigkeit bekam und alle Dinge, auch die Fernen, mir auf einmal so nahe kamen. Geradezu aufdringlich. Vorher war alles, was weiter weg lag, wohl distinguiert verschwommen. Impressionistisch schön. Und plötzlich: gefühlte 8K-Bild-Auflösung. Doch wollte ich das wirklich von allem, was um mich herum zu sehen war, selbst von den Pickeln meiner Freunde? Die vielen Splitter in den Augen der anderen, wo mir meine eigenen Balken schon genügten? Dabei habe ich nie verstanden, wieso der Begriff „kurzsichtig" im Unterschied zu „weitsichtig" so negativ besetzt ist. Nicht nur, dass bei Kurzsichtigen die Augenpartie so elegant schmal wird – gleichsam Slim-Fit für das Gesicht. Vor allem sind die Kurzsichtigen doch meist diejenigen, die genauer hinsehen, die Viel-Leser, die spüren, dass sie die Welt nie ganz sehen und verstehen. Und die deshalb noch einmal einen zweiten, dritten Blick brauchen. Insofern sind mir persönlich kurzsichtige Politiker mit dicken Brillen oft viel lieber als die allzu Weitsichtigen. Gerade im Umgang mit der Pandemie offenbart sich, wie intellektuell nackt viele Populisten in ihrer Weltsicht sind – leider oft auf Kosten vieler Menschen.

Die Gnade der Kurzsichtigkeit und das Leid des Sehens. Davon handelt auch eine besondere Heilungsgeschichte Jesu.

„Und sie kamen nach Betsaida. Und sie brachten einen Blinden zu Jesus und baten ihn, dass er ihn anrühre. Und er nahm den Blinden bei der Hand und führte ihn hinaus vor das Dorf, tat Speichel auf seine Augen, legte seine Hände auf ihn und fragte ihn: „Siehst du etwas?" Und er sah auf und sprach: „Ich sehe die Menschen, als sähe ich Bäume umhergehen." Danach legte er ihm abermals die Hände auf seine Augen. Da sah er deutlich und wurde wieder zurechtgebracht, so dass er alles scharf sehen konnte. Und er schickte ihn heim und sagte: „Geh nicht hinein in das Dorf!" *(Mk 8, 22–26)*

Eine Heilungsgeschichte mit archaischen Zügen: mit Wunder, Spucke und Handauflegen. Auch hier geht es ums Sehen, um Nähe zu anderen, um einen besonderen Zugang zur Wirklichkeit. Das Besondere an der Geschichte ist – neben dem Wunder – aber dieser merkwürdige Zwischenschritt. Dieser eigenartige Wortwechsel nach der ersten Handlung. „Was siehst Du?" „Ich sehe die Menschen, als sähe ich Bäume umhergehen." Dabei geht es um mehr als einen zweiten Anlauf, weil es beim ersten Mal nicht ganz geklappt hat. Der Geheilte erhält vielmehr als „Kurzsichtiger" einen eigenen, tiefen Einblick in den Menschen. Zu einem Baum gehört es, nicht gehen zu können. Wurzeln statt Wandeln machen sein Wesen aus. „Die Menschen als umherwandelnde Bäume" – es ist ein Bild der tiefen existentiellen Entwurzelung: des Lebens in der Fremde, der Heimatlosigkeit, der Uneigentlichkeit. Der Kurzsichtige blickt hinein in die Tragik menschlichen Lebens. Dass wir letzten Endes nie zu Hause sind. Dass das Leben in all seiner Schönheit uns doch immer irgendwie fremd und fern und unbegreiflich bleibt. Und wie wir allzu leicht aus unseren vermeintlichen Sicherheiten gerissen werden können.

Dann, als der Geheilte „ganz zurechtgebracht" ist und „alles scharf" sieht, schickt Jesus ihn heim und gibt ihm interessanter Weise einen wichtigen Hinweis mit auf den Weg. „Geh nicht zurück in dein Dorf." Weil die anderen das eigentliche Wunder, dass er der Messias, der Christus ist, noch nicht begreifen können. Aber vor allem, um ihn, den Geheilten, zu schützen. „Sieh dir nicht alles gleich und auf einmal an." „Schütze Deine Augen, deine Seele, die Welt in dir vor der Welt, die in dich eindringt."

Es ist gut, einander zu sehen. Nicht-Hinsehen wäre keine Alternative. Aber es ist eben auch nicht gut, immer alles zu sehen. Und es fällt nicht leicht, mit den vielen anderen umzugehen, die wie Bäume umherwandeln und einander allzu leicht bis tief an die Wurzeln verletzen.

Die Hölle – das bin ich selbst, eingekapselt in meine eigene Dunkelheit, getrennt von den anderen, wenn ich nichts sehe und kein Licht in mich zu dringen vermag.

Aber die Hölle – das sind eben auch die anderen, wenn sie mir zu nahe kommen und mich in freundschaftlicher Infamie vor Glaswände laufen lassen.

Die Gnade der Kurzsichtigkeit ist es, dies zu erkennen.

Und das Leid des Sehens ist es, mit der Flut der zugemuteten Bilder umgehen zu müssen.

Deshalb ist es nicht leicht zu verkraften, in einer oft leidvollen Welt von der eigenen Blindheit geheilt zu werden.

Zum Schluss ein kleines „optisches Glaubensbekenntnis":

Ich glaube
an Gott, Vater und Mutter alles Lebens, Schöpfer des Lichts,
der dem Dunkel das Finstere nimmt,
der unseren Augen das Licht des Tages schenkt
und die Ruhe der Nacht,
und in dessen Licht wir die Welt neu sehen lernen.

Ich glaube an Jesus Christus, unseren Bruder,
der uns zu Kindern des Lichtes macht,
der unsere Blindheit und verzerrten Blicke heilt
und der uns lehrt,

uns selbst und unsere Mitmenschen anders wahrzunehmen,
auf dass wir aufhören,
einander vor Glaswände laufen zu lassen.

Ich glaube an den Heiligen Geist,
der uns die Gnade der Kurzsichtigkeit verleiht,
die uns frei macht, nicht immer alles sehen
und verstehen zu können,
und die uns dazu führt, einen tiefen, anderen Blick zu wagen,
bis wir uns selbst und einander einmal so erkennen werden,
wie wir von Gott erkannt sind.

10. Ausnahme ist das neue Normal
Vom Umgang mit Wüstenzeiten
(25. April 2020)

Wie vermutlich für viele Menschen war Ostern für mich eine Zäsur. Vorher gab es eine kollektive Krisen-Intervention: Shutdown, Außenkontakte möglichst gegen Null, alles irgendwie anders. Danach war das Covid-19-Virus wie zu erwarten nicht einfach weg. Trotzdem gab es in mir die irreale Hoffnung, dass das Irreale wieder aufhört. Der stille Wunsch, das alles irgendwie wieder normal ist. Ein Wundermittel, eine Super-App, ein Ende der ständigen Sonder-Sendungen, in denen es doch ständig nur um ein Thema geht.

Auch wenn die Zahlen und Daten das schon vorher deutlich gezeigt haben: Nach Ostern ist die Ausnahme zur neuen Normalität geworden, auch in meinem Kopf. Die Pandemie ist da, sie ist virulent und sie wird in veränderter Form auch in einem Jahr noch unser Leben bestimmen. Die nächsten Infektions-Wellen werden kommen. Die Frage ist nicht ob, sondern wann. Und die Frage ist, wie wir lernen, in und mit der Pandemie zu leben: längerfristig, für unbestimmte Zeit. Neben der notwendigen Diskussion um verschiedene Maßnahmen, die aktuell zurecht geführt wird, geht es dabei auch um Haltung. Um die Fähigkeit, mit dem Ausnahmezustand umgehen zu können.

In früheren Generationen hat man hier von „Wüstenzeiten" gesprochen: Lebensphasen, die herausfordernd, bedrohlich, unwirtlich sind. Krisenzeiten, in denen sich entscheidet, wer man selber ist und wohin sich eine Gesellschaft oder Gemeinschaft entwickelt (so die Bedeutung des griechischen Wortes *krinein* als „scheiden", „unterscheiden", „entscheiden").

„Am Anfang war die Wüste." Es ist auffällig, dass in der Sicht des Glaubens die Wüste der Ort ist, an dem alle großen Veränderungen beginnen.

Am Anfang der Schöpfung war die Erde „wüst und leer" (1. Mose 1,2). Im Hebräischen steht dort wörtlich „tohu wabohu", das sprichwörtlich gewordene Chaos, das freilich nicht selbst kreativ ist, sondern an dem, so der Glaube, Gott schöpferisch handelt.

Am Anfang des Exodus, der großen Geschichte des Auszugs aus der Sklaverei, zieht das Volk Israel vierzig Jahre lang durch die Wüste. Um die Fesseln abzulegen – nicht nur äußerlich, sondern auch innerlich. In späteren Krisenzeiten des Volkes werden einzelne Personen immer wieder an diesen Ort des Neuanfangs zurückkehren. So wie Elia, der fanatische Gottesstreiter, der die Wüste vierzig Tage durchzieht – um Gott im zärtlichen Säuseln eines „verwehenden Schweigens" zu erfahren (1. Kön 19).

Und auch am Anfang des Evangeliums steht bei Markus die Stimme eines „Predigers in der Wüste" (Mk 1,3), und der Geist treibt Jesus nach seiner Taufe dorthin: „und er war in der Wüste vierzig Tage und wurde versucht von dem Satan und war bei den wilden Tieren und die Engel dienten ihm." (1,13) Die Wüste als Ort der Verwandlung; der Konzentration auf das Wichtige; der Begegnung mit Gott und sich selbst; mit dem Satan, den wilden Tieren und den Engeln; der Versuchung und der Kunst, die Geister zu scheiden. Aus den vielen Stimmen die eine Stimme herauszuhören, die einen sicher leitet.

Doch was bedeutet es, wenn man diese geistlichen Wüstenerfahrungen früherer Generationen auf die aktuelle Situation bezieht? Ein paar unfertige Gedanken:

1. Loslassen:
Ich glaube, dass tatsächlich eine gewisse Art zu leben mit der Pandemie zu Ende geht. „Die Welt danach wird eine andere sein" (F.W. Steinmeier)[29]. Was genau zu diesen Veränderungen gehört und wie die Welt danach sein wird, ist noch nicht klar. Und kann es auch noch nicht sein. Weil es – zumindest zum Teil – auch damit zusammenhängt, wie wir mit der Pandemie umgehen. Wie wir uns in dieser Zeit entscheiden, wer wir sein wollen und wer nicht. Ein erster, wichtiger Akt in Wüstenzeiten ist es dabei, sich von manchem Vertrautem zu verabschieden: im Bild gesprochen, von den „Fleischtöpfen Ägyptens". Ein einfaches Zurück zum Status „ante" wird es nicht geben. In keinem Fall. Dazu gehört m.E. etwa das Ende des Irrglaubens, dass wir in Europa, in Deutschland auf einer Insel der Seligen leben, die von den großen Nöten in anderen Teilen der Welt nicht betroffen wäre. Allen nationalen Corona-Ranking-Skalen zum Trotz: Die Welt ist viel „dorf-artiger", als uns trotz der Rede vom global village bewusst war. Es sind eben nicht nur meine Familie, meine Nachbarn oder Mitbürger, mit denen ich mich zusammen in der

Wüste befinde. Es sind auch die Menschen aus den Favelas von Rio, die schwarze Bevölkerung der Town-Ships in Johannisburg, die Wanderarbeiter aus Neu Dehli ebenso wie die Einwohner/innen von New York.

2. Streiten:

Die kurze Liste der religiösen „Wüsten-Begleiter" in der Geschichte Jesu passt – symbolisch verstanden – auch in die Corona-Zeit: Versucher, wilde Tiere und Engel. Wir werden, je länger die Pandemie dauert, desto mehr einen „Streit der Geister" erleben: darüber, wie die Welt und unsere Gesellschaft „danach" gestaltet werden soll. Wer wird den Impfstoff erhalten, wenn er denn einmal gefunden ist, und zu welchem Preis? Wer wird für die astronomischen Summen aufkommen, die zurzeit ausgegeben werden? An welche Bedingungen werden etwa Zahlungen an die Auto-Industrie geknüpft im Blick auf eine nachhaltige Mobilität? Wie ist Solidarität in Europa zu gestalten? Der Streit hat gerade erst begonnen.

In der Versuchung Jesu ging es um die Verlockungen von Wunderkraft (Steine zu Brot), Unverletzlichkeit (Sprung von den Zinnen) und Weltherrschaft (Niederfallen und Anbeten). Das weist manche erstaunliche Parallelen zur Selbstinszenierung populistischer oder autoritärer Regenten in der Pandemie auf. Die eigentliche Frage ist aber, wer wir selber sein wollen. Wie wir uns in dem Streit der Geister – in uns selbst und in der Begegnung mit anderen – entscheiden. Wir müssen streiten. Unbedingt. Doch wir sollten es so tun, dass wir immer im Blick behalten, worum es dabei geht: nicht nur um Finanzen, politische Macht und den Einfluss von Ländern, sondern immer auch darum, wer wir selber sind, woran wir glauben, worauf es uns im Leben tatsächlich ankommt.

3. Sich konzentrieren:

An Stelle der Fleischtöpfe Ägyptens traten in der Geschichte Israels als wanderndem Gottesvolk „Wachteln und Manna". Wildvögel und ein „Himmelsbrot" (wahrscheinlich Flechten, Harze oder Sekrete auf Tamarisken), das sich markanter Weise nicht länger als einen Tag aufbewahren lässt. Auch in der Pandemie geht es darum, was „system-relevant" ist. Was wir unbedingt brauchen. Und was in einer Zeit kollektiven Fastens auch als entbehrlich erfahren wird. Ich erlebe zum Beispiel, wie sehr mir die Menschen in der Akademie fehlen, weil sie eben mehr sind als nur Arbeitskolleg/innen, Menschen, die einfach zu meinem Leben dazugehören. Dass ich hoffe, dass der große Reichtum von Kulturveranstaltungen erhalten bleibt. Und dass ich tatsächlich die gemeinsame Feier mit fremden Menschen in einem ganz normalen, manchmal langweiligen Sonntags-Gottesdienst vermisse. Dagegen fehlt mir persönlich gerade nicht wirklich etwas, dass wir in diesem Jahr beispielsweise noch nicht verreist sind. Das liegt auch an den langen Spaziergängen mit meiner Frau – so viel wie jetzt war ich mein Leben lang noch nicht im Wald und im Park. Das wird bei anderen sicher anders aussehen. Die Herausforderungen im Blick auf einen zukunftsfähigen und nachhaltigen Lebensstil wird sein, was wir für unser Leben brauchen und worauf wir bewusst auch verzichten können. Die großen Probleme von Armutsbekämpfung, Klimakrise, Bildungsgerechtigkeit, Artenvielfalt, Meeresverschmutzung u.a. bleiben uns durch die Pandemie ja erhalten – und werden zum Teil noch verschärft. Es ist zu hoffen, dass wir in dieser Wüsten-Zeit lernen, auch mit anderen Krisen umzugehen und die richtigen „Post-Corona-Perspektiven" entwickeln.

4. Umdenken

Die allererste Forderung, die Jesus nach seiner Wüstenerfahrung verkündet, lautet: „Kehrt um." (Mk 1,15) Ändert euren Sinn. Oder in alter Sprache: Tut Buße. In aktuellen Texten entspricht dem – gesellschaftspolitisch – die Forderung nach einer „großen Transformation", exemplarisch konkretisiert in den von der UN formulierten siebzehn Zielen einer nachhaltigen Entwicklung (SDGs). Wir werden nach der Pandemie nicht zu der Welt und dem Leben vorher zurückkehren können. Und wir sollten dies auch nicht einfach wollen. Es ist für alle Betroffenen äußerst verständlich zu fragen, wann der Normalbetrieb wieder losgeht. Gerade wenn dies mit ökonomischen Existenznöten einhergeht. Als Gesellschaft insgesamt stehen wir jedoch vor der Aufgabe, zugleich unsere Art zu wirtschaften, zu konsumieren, zu leben verändern zu müssen. Ansonsten stehen wir vor noch größeren Problemen als denen der Pandemie. Die Pointe bei Jesu Aufforderung liegt darin, dass diese Veränderung nicht ein moralisches Sollen ausdrückt. Sondern dass sie einer positiven anderen Selbst-, Welt- und Gotteserfahrung entspricht. Nochmal in der Geschichte Jesu ausgedrückt: „Die Zeit ist erfüllt und das Reich Gottes ist nahe herbeigekommen, [...]." (1,14) Das ist vielleicht die größte Herausforderung: In der wirklich „ver-rückten" Zeit der Pandemie so miteinander von Gott und dem eigenen Glauben zu sprechen, dass sich uns eine neue, befreiende Lebenssicht erschließt, dass sich unser Denken, Handeln, Fühlen verändert.

Das ist es, was wir als evangelische Akademie in den nächsten Monaten auf digitalem Weg versuchen werden. Auch wenn wir es wirklich schmerzlich vermissen, Ihnen und anderen Menschen in unserem Haus am Römerberg von Angesicht zu Angesicht zu begegnen. Das werden wir gerne gemeinsam mit Ihnen nachholen. Bis dahin arbeiten wir daran, dass sich unsere Gesellschaft, unser Demokratie, Europa hoffentlich zum Besseren entwickelt. Und wir freuen uns, wenn Sie uns dabei begleiten, helfen und unterstützen.

In der Wüste

In der Wüste
kann es geschehen,
dass am Morgen auf einmal
Brot daliegt.
Unverhofft, wie vom Himmel.
Nur Bröckchen, nichts von Dauer,
doch genug für einen Tag
und um sich zu fragen: Was war das?

In der Wüste
kann es geschehen,
dass die wilden Tiere
in mir und um mich zur Ruhe kommen.
Wie der Löwe auf alten Gemälden
friedlich schlummernd
zu Füßen des Alten
einsam versunken in seinem Buch.

In der Wüste
kann es geschehen,
dass mein kreisendes Denken
eine andere Richtung erfährt.
Wenn mitten im Chor
verzweifelt verlockender Stimmen
auf einmal Stille geschieht.
Momente verwehenden Schweigens.

In der Wüste
kann es geschehen,
dass mir selbst
ein ganz Anderer begegnet
an Orten, halb real,
in Büschen sich nicht verzehrenden Feuers,
in dessen brennender Nähe
ich selbst zu einem anderen werde.
Für andere.

11. VERMISSTE KLÄNGE
Kirchenmusik in Zeiten von Corona
(1. Mai 2020)

Kurz vor dem Shut-Down fand am 4.-5. März dieses Jahres in der Evangelischen Akademie Frankfurt die Tagung der Direktoren-Konferenz Kirchenmusik zur Zukunft der Kirchenmusik statt mit dem vielsagenden Titel: „Alles im Fluss".[30] Durch die Corona-Zeit und den Ausfall aller Gesänge, Konzerte und kirchenmusikalischer Veranstaltungen ist mir deutlich geworden, wie sehr uns auch hier als Gemeinschaft etwas kollektiv fehlt. „Vermisste Klänge": Die Möglichkeit, gemeinsam zu singen, gerade auch dann, wenn einem die Worte fehlen.

Sich von der Musik tragen zu lassen, wenn es einem schwerer ums Herz wird.

Sich mit anderen vielstimmig und doch (zumindest meistens) harmonisch als Gemeinschaft zu erfahren.

Das gleichzeitige Musizieren aus verschiedenen Kirchen und Häusern, das während der kollektiven Quarantäne in vielen Gemeinden stattfand, war ein schönes und starkes Zeichen, aber kein wirklicher Ersatz. „Kunst und Kultur sind keine verzichtbaren Nebensachen", sie sind „Lebensmittel" (F. W. Steinmeier).[31]

Im Wonne-Monat Mai, der in diesem Jahr mit den Sonntagen Jubilate („Lobet") und Kantate („Singet") beginnt, wird das, was uns fehlt, noch deutlicher erfahrbar. Auch wenn jetzt die ersten Gottesdienste wieder starten, wird hier eine Lücke bleiben. Weil paradoxer Weise gerade der gemeinsame Gesang, mit dem sich Menschen wechselseitig stärken, weiterhin das ist, was andere jetzt gesundheitlich gefährdet. Solange die Gemeinde mit Mundschutz stummbleibt, werden wir etwas geistlich vermissen.

Daher hier zumindest gedanklich eine kleine Hommage an die Kirchenmusik – in Form einer erzählerischen Erinnerung an ihre Anfänge zur Zeit Davids und eines kleinen, unfertigen Wunschzettels für die Zeit danach.

1. „Le David"

Dein Harfen-Spiel hast du gelernt – allein, draußen, in den Steppen Judas. Als du auf die Schafe geachtet hast und sie vor Löwen und Räubern schützen musstest. Wüstengeborene Melodien: nachts gespielt, als niemand dir zuhörte – außer Gott, der Herde und den wilden Tieren. Du hast gespielt, um ihn zu loben, sie zu beruhigen, die anderen zu vertreiben. „In Einsamkeit mein Sprachgesell."[32] Helle Klänge gegen das Dunkle – in dir, um dich, über dir.

Deine Musik, dein Mut, dein mutiges Spiel haben dich an den Hof gebracht. Selbst Riesen konnten deinen Glauben nicht schrecken. Ihn, den König, dagegen hast du besänftigt, von seinem bösen Geist geheilt. Deine Musik war Therapie der Mächtigen – zumindest für einige Zeit. Bis der König spürte, welche Macht nicht nur von deinem Gesang ausging. Bis du selbst zu dem wurdest, über den die Frauen ihre Lieder sangen: „Saul hat tausend erschlagen, aber David zehntausend." (1. Sam 18,7)

Deine Musik war bei dir, als du fliehen musstest. Deine Gottes-Lieder wurden tiefer, dunkler, reifer, als du Freischärler warst: in den Höhlen, auf der Flucht vor dem eigenen König, im Dienst der Feinde. Als du um dein Überleben kämpfen musstest – körperlich, seelisch, moralisch. Doch du hast dein Wort gehalten: Hast Israel nicht verraten; ihn, den Gesalbten, nicht getötet, als er zweimal in deinen Händen war; hast geklagt, als er mit seiner Familie starb und du gewonnen hast.

Deine Musik wurde voller, mächtiger, prächtiger in der Zeit, die dann kam. König über Nord- und Südreich, Herrscher im neuen Jerusalem, Erster einer ewigen Dynastie. „Großer Gott, wir loben dich." Nackt hast du vor den Leuten getanzt, als die Lade in Jerusalem einzog. Du brauchtest keine Kleider.
Und doch waren sie da: die neuen Kleider, die neue Macht, die neuen Frauen.

Verführerisch war dein Gesang für die Frau des anderen – deren Mann Uria wegen dir dran glauben musste. Verzweifelt, als du die Wahrheit über dich erfahren hast und euer Kind kurz danach starb.
Klagend, lobend, zweifelnd bei dem, was alles noch folgen sollte. Die Tiefe deiner Musik hatte ihren Preis. Doch was wären wir ohne sie? „Le David." So steht es auf Hebräisch fast über der Hälfte aller Psalmen: „von Dir", „für Dich", „über Dich" geschrieben. Was wären wir ohne deine Lieder?

2. Ein kleiner, kirchenmusikalischer Wunschzettel – für die Zeit „danach"

Ich wünsche mir eine Musik wie Davids Harfenspiel: Herrlich – klagend / brüchig – strahlend / leidend – prahlend. Eine Musik, die therapeutisch ist für Mächtige, tröstend für Verzweifelte, verführerisch für Verliebte. Lieder, die von Menschen wieder in den Gotteshäusern gemeinsam gesungen werden können und die sie auch dann noch weitersummen, wenn sie die Mauern der Kirche verlassen haben.

Ich wünsche mir Lieder, in denen es geistlich wirklich um etwas geht. Mit wüstengeborenen Texten, die etwas zu sagen haben: Von der wundervollen Schönheit, der tiefen Verletzlichkeit und der Widersprüchlichkeit des Lebens. Von der Ambivalenz der Person, die ich „Ich" nenne, und von der Abgründigkeit des Anderen, den man gemeinhin „Gott" nennt. Und davon, wie Menschen früher mit solch „ver-rückten" Seuchen-Zeiten umgegangen sind.

Ich wünsche mir Melodien, bei denen ich mich vor meinen Kindern und meinen kirchenfremden Nachbarn, wenn sie nach der Corona-Zeit mit in den Gottesdienst kommen, nicht rechtfertigen muss, warum man so etwas macht. Ein hohes Alter ist kein Argument gegen ein Kirchenlied – aber eben auch keins dafür.

Ich wünsche mir kirchenmusikalische Fairness gegenüber Konfirmand/innen. Wenn Sie als Pflichtbesucher/innen zukünftig wieder gefühlt die Hälfte der Gottesdienstbesucher/innen stellen, sollten sie auch den gleichen Anteil der Lieder bestimmen können. Überhaupt hielte ich es in der Kirche allgemein für vorteilhaft, wenn wir die Menschen offen nach ihren Wünschen fragten, und nicht nur die, die ohnehin kommen.

Ich wünsche mir, dass es künftig wieder Zeiten echter, kollektiver Stille im Gottesdienst geben wird. Zeiten, in denen sowohl die Pfarrer als auch die Orgel still sind. Nicht fünf Sekunden, sondern fünf Minuten. Heilsames, gemeinsames Schweigen. Ich glaube, dass Gott es ernst gemeint hat, als er sich im Flüstern eines verwehenden Schweigens offenbarte.

Ich wünsche mir Gottesdienste mit Kirchenmusik und Predigten, die geistlich etwas wagen. Die sich um Gottes und des Menschen willen aus dem Fenster lehnen. Und bei denen ich – fromm gesprochen – etwas „für meine Seele" mitnehme: um mutig zu leben, trotzig zu kämpfen und getrost zu sterben. Allen biologischen oder politischen Viren zum Trotz.

Ich wünsche mir eine Kirchenmusik, die Menschen zum Singen bringt von dem, woran sie glauben – kontrapunktisch gegen alle apokalyptischen Untergangsszenarien, in einer Gemeinschaft spannungsvoll-wohlklingend-bereichernder Verschiedenheit.

Ich wünsche mir eine Kirchenmusik „Le David". Eine Musik von Menschen und für Menschen, die wie David glauben, singen, siegen, kämpfen, verlieren, sich verrennen. Die Macht haben und die fliehen müssen. Die mal auf dem Thron sitzen und dann wieder in Höhlen festsitzen. Die sich in die Frau eines anderen verlieben und inbrünstig um das eigene Kind klagen.

Und vielleicht ist das „Le David" auch ein notwendiger Kontrapunkt zum protestantischen „Soli Deo Gloria" – ein musikalischer Platzhalter dafür, dass sich Gottes Ruhm und Herrlichkeit eben darin ereignet, wenn wir mutig, getrost und trotzig unsere Lebensgeschichten in die Ewigkeit Gottes einbringen.

Und ich freue mich darauf, wenn wir es irgendwann einmal, wenn wirklich alles überstanden ist, einfach wieder gemeinsam tun können: Singen. Aus voller Kehle. Ohne Mundschutz und Abstandsregeln. Für Gott, für die Welt und für einander.

12. „UND FÜHRE UNS (NICHT) IN VERSUCHUNG"
Vom Auszug aus der Quarantäne
(9. Mai 2020)

Die kollektive Quarantäne geht zu Ende. Schulen, Kitas, Betriebe, Kultureinrichtungen, Sportvereine fahren ihren Betrieb wieder hoch. Mit einer Mischung von „Endlich!" und „Hoffentlich geht's gut!"

Die kollektive Auszeit war für viele Menschen ökonomisch, psychisch, familiär z.T. extrem belastend. Manche Auswirkungen von Vereinsamung, Vernachlässigung oder Gewalt werden erst nach und nach sichtbar werden. Doch wir haben es in einem Akt kollektiver Solidarität tatsächlich geschafft: „Flatten the curve!" Extremsituationen wie in Bergamo oder Probleme der Triage blieben uns – Gott sei Dank! – erspart. Ein wirklicher Zwischenerfolg. Trotz der bis Anfang Mai schon über 7.000 Toten. Jede und jeder von ihnen einzeln und persönlich zu beklagen.

Die Spielregeln in den letzten Wochen waren belastend, aber weitgehend einheitlich und klar. Jetzt beginnt eine Phase stärkerer Eigenverantwortung: in Landkreisen, in Einrichtungen, in

Familien. Das ist gut so. Und es stellt eine echte Herausforderung dar. Weil von meinem Umgang mit der Freiheit der Erhalt der Freiheit anderer abhängt. Und weiter auch deren Gesundheit und Leben. Wir wissen ja, dass das Virus weiter da ist, dass es zweite und dritte Infektionswellen geben wird, dass bis zu einem wirksamen Impfstoff das Leben nicht mehr so wie vorher funktionieren kann. „Zugemutete, verantwortete Freiheit": Darum geht es im Leben allgemein, in Pandemie-Zeiten in besonderer Weise. Und damit zugleich auch immer um das, was früher mit dem alten, religiösen Begriff der „Versuchung" beschrieben wurde: die Gefahr, meine Freiheit verlieren zu können, indem ich sie nicht richtig gebrauche. Diese Gefahr des Scheiterns ist unvermeidlich, sonst wäre Freiheit keine Freiheit. Sie ist der Preis der Eigenverantwortung. Keine Freiheit ohne Versuchung.

Die Frage der Versuchung ist anknüpfend an die entsprechende Vater-Unser-Bitte in den letzten Jahren theologisch verstärkt diskutiert worden. Papst Franziskus hat Kritik an der Übersetzung „und führe uns nicht in Versuchung", geübt: Ein Vater tue so etwas nicht, er stelle seinen Kindern keine Fallen. Daran anschließend haben die Katholischen Kirchen in Frankreich und Italien – anders als die Deutsche Bischofskonferenz – die Übersetzung geändert in: „Lass uns nicht in Versuchung geraten." Ich halte das in mehrfacher Hinsicht für problematisch. Der neutestamentliche Urtext des Vaterunsers gibt dies nicht her, weder in Matthäus 6,13 noch in Lukas 11,4. Auch entspricht es nicht den biblischen Vorstellungen von Gott. Er wird von den Glaubenden eben auch erfahren als ein Flussdämon, der einen des Nachts anspringt und mit einem kämpft wie mit Jakob am Jabbok (1. Mose 32,32–33). In der Erzählung des Hiob-Buches ist Gott es, der es zulässt, dass Hiob vom „Satan" als eine Art himmlischer Staatsanwalt bis auf Haut und Knochen versucht wird. „Du gabst uns einen Wein zu trinken, dass wir taumelten." (Psalm 60,5) Und auch in der Geschichte Jesu Christi spielt die Versuchung eine zentrale Rolle. Am Anfang seines Weges, gleich nach seiner Taufe durch Johannes, wird er vom Geist Gottes in die Wüste geführt, „damit er vom Teufel versucht würde" (Mt 4,1). Immer wieder kommen Versuchungen vor, etwa durch Petrus, der ihn vor seinem Leiden bewahren will (Mt 16,23). Bis hin zu seinem Ende mit der Anfechtung im Garten Gethsemane, in der er eben Gott bittet, den Kelch an ihm vorüber ziehen zu lassen, was nicht geschieht. Bis hin zum Schrei der Gottverlassenheit, mit dem Jesus als Christus am Ende stirbt. Nein, der biblische Gott führt sehr wohl in Versuchung. Und es wäre m.E. auch theologisch eine hochproblematische Verharmlosung, wollte man Gott als einen „lieben Vater" da heraushalten. Versuchung hat dabei überhaupt nichts, wie Papst Franziskus meint, mit heimtückischem Fallenstellen oder irgendeiner Form von Missgunst zu tun. Vielmehr steht in der Situation von Anfechtung und Versuchung etwas anderes auf dem Spiel. Es geht darum, wer wir als Menschen sind – und darum, wer Gott ist.

Man kann sich diesen Gedanken anhand der Vorstellung einer „existentiellen Prüfung" klarmachen. Erst wenn ich an meine Grenzen gerate, herausgefordert, „versucht" bin, entscheidet sich, wer ich bin, wie ich mich verhalte, für welche meiner Möglichkeiten ich mich entscheide. Ein egoistisch hamsternder „Covid-Wolf", der in der Pandemie nur an sich selber denkt. Oder jemand, der anderen hilft und für sie da ist, auch wenn es ihn etwas kostet. Oder irgendetwas dazwischen. Im Unterschied zu sportlichen Herausforderungen oder Life-Style-Phänomenen (wie einer Ice-Bucket-Challenge) geht es dabei um eine existentielle Tiefendimension. Es geht um mich selbst, nicht nur um eine einzelne Leistung. Deswegen ist die Versuchung auch nichts, was sich ein Mensch freiwillig wünschen oder wählen würde – wie etwa eine Pandemie. Weil es den existentiellen Ernstfall darstellt, mit der Möglichkeit, sich selbst radikal zu verfehlen. Deshalb die Bitte „und führe uns nicht in Versuchung", auch wenn die Versuchung nicht zu vermeiden sein wird. Nicht in einem Leben, das wirklich von Freiheit bestimmt ist. Daher gehört paradoxer Weise auch die andere Seite zu dieser Bitte dazu: sich wie Jesus vom Geist Gottes in die Versuchung führen zu lassen. In der Hoffnung darauf, dass Christus genau dort an unserer Seite ist.

In der Wüste waren es drei Versuchungen, denen Jesus als Christus widerstand: die mirakulöse Verwandlung von Steinen zu Brot, das religiöse Niederfallen für alle Macht auf Erden, der enthusiastische Sprung von den Zinnen des Tempels (in verschiedener Reihenfolge in Lukas 4 und Matthäus 4). Bemerkenswerter Weise argumentiert der Teufel dabei exegetisch geschickt mit Bibelstellen. Es entscheidet sich bei der Versuchung mithin nicht nur, wer der Mensch ist, sondern wer Gott ist. Gott selbst steht in der Versuchung auf dem Spiel. Ob Gott eine supranaturalistische Wundermacht ist, der Legitimationsgrund irdischer Herrschaft oder eine numinose Sphäre, zugänglich für religiös entrückte Meister. All dies sind irregeleitete Vorstellungen von Gott und vom Menschen, die in der Geschichte immer wieder von Bedeutung gewesen sind. Bis hin zu den verqueren Vorstellungen populistischer Politiker in der Pandemie. „I'm not a doctor, but ..." (Trump). Jesus entscheidet sich in der Wüste für den Glauben an einen Gott, der sich auf die Seite der Schwachen stellt, der sich selbst seiner Macht entäußert, der sich aus Liebe für andere hingibt, nicht für einen selbstbezogenen Sprung vom Tempel. Und weil Gott das Geschehen der sich selbst entäußernden, allumfassenden Liebe ist, ist es wichtig, wie wir uns in der Versuchung entscheiden. Oder wir uns von Brot, Herrschaft und Ekstase verleiten lassen. Ob wir dieser Liebe in uns selbst Raum geben, uns von ihr bestimmen lassen.

Die neue Freiheit in der Pandemie ist m.E. nur um diesen Preis zu haben: das Risiko, sie zu verfehlen. Und darin zugleich mich selbst und auch Gott. Keine Freiheit ohne Versuchung. Es ist keine Alternative, die Quarantäne einfach immer weiterführen zu wollen. Diese epidemiologische Sicherheit wäre eine gesellschaftliche Katastrophe. Zugleich ist es wichtig, dass wir alles daransetzen, das Leben anderer zu schützen, als wäre es unser eigenes. Denn es geht in meinem Umgang mit dem anderen immer auch darum, wer ich selbst bin und darum, wer Gott für mich ist. In der Pandemie wie im Leben allgemein.

„und führe uns (nicht) in Versuchung"

Nein, Gott, ich will sie nicht,
die Wüste, in der mir das Brot fehlt,
doch wenn sie kommt, gib mir die Kraft,
für Brot nicht alles zu tun.

Nein, Gott, ich will sie nicht,
die Stelle am Abgrund, ein Schritt vor dem Fall,
doch wenn sie kommt, gib mir den Halt,
weiter für andere da zu sein.

Nein, Gott, ich will sie nicht,
die Möglichkeit zum Beugen korrupter Knie,
doch wenn die Verlockung kommt,
gib mir den Mut zu widerstehen.

Und wenn ich versage, Gott,
bleib auch dann an meiner Seite
wie ich an der anderer.

PSALMEN ANDERS

1. Psalm 1 invers

Wohl dem, der schon vom rechten Weg abkam,
der sich verhedderte, im Leben verzettelte,

    in Wüsten verwirrte, in Tiefen abschmierte,
    und nur so erfuhr, dass Du uns nie verlierst.

Der ist wie eine Blume, blaublühend,
ewigschön, windzerzaust. Pflanzung der Freiheit.

    Aber so sind die religiösen Besserwisser nicht,
    noch die in ihrer Frömmigkeit Betonierten,

sondern wie ein Stock, kahl, starr, steif,
der in seinem Rechthaben-Wollen verreckt.

    Darum ist es so schwer, mit ihnen zu leben, sie zu lieben, geschweige denn von ihnen geliebt zu werden.

Denn Du hast Dich selbst für uns verirrt,
doch wer Dich, Gott, besitzen will, verliert.

2. Familien-Klage

Ehe ich sehen oder verstehen konnte,
hast Du, Gott, mich geborgen wie eine liebende Mutter.

> Du bist mir zum Bruder geworden, zu dem einen an
> meiner Seite, der bis zum Letzten da ist für mich.

Du hast mir eine Familie gegeben, dass sie um mich sei,
ein Netz von Menschen, die für mich da sind und ich für sie.

> Ich danke Dir für alle Liebe, die ich durch sie erfahre,
> sie sind für mich Halt und Heimat, Trost und Schutz.

Doch wie schwierig ist es für mich oft mit denen, die ich liebe.
Wie werden mir meine Eltern, Geschwister, Kinder dann zu viel.

> Sie treiben mich mitunter schier zum Wahnsinn.
> Sie sind mir zur Last geworden, wie ich ihnen auch.

Ich will sie lieben. Doch ich schaffe es nicht. Gerne wäre ich
großherzig, gelassen, fürsorglich. Aber es geht dann nicht.

> Gott, mach mich zu dem Menschen,
> den ich mir selber an meiner Seite wünsche.

Lass mich für andere zu Schwester, Bruder, Vater, Mutter werden, so wie Du für uns.

> Ich danke Dir für die Menschen, die Du mir gegeben hast. Und dass Du auch mein Scheitern zum Guten wenden wirst.

3. In Wochen ohne Worte

Nichts. Gar nichts.
Leer.

>Ich spüre nur
>kalt und dürr.

Keine Lust. Auf mich, Dich, andere.
Keine Kraft. Zum Weiter-So.

>Weder Trotz. Noch Trost.
>Kein Wort von Wert.

Atmen nur. Unter Druck.
Nur weiter Atmen.

>Bis es aufhört.
>Irgendwann. Vielleicht.

Solange. Sei mein Atem.
In Wochen ohne Worte.

4. FRÜHSTÜCK-HÜPF-GEBET
Mit Kindern im Hopsen zu sprechen

Eins, zwei, drei.
Milch, Brot und Ei.

> Vier, fünf, sechs.
> Ein Marmeladen-Klecks.

Sieben, acht, neun.
Frühstück zum Freu'n.

> Guter Gott, hüpf heute mit uns mit.
> Danke. Amen. Und guten Appetit.

5. Morgengebet für Langschläfer

Gott, Du hast den Morgen herrlich gemacht:
Sonnenaufgang, Vogelgesang, Gräser voller Tau.

> Doch ich muss leider gestehen: Er ist nichts für mich.
> Ich bin ein Morgen-Wunder-Muffel. Vergib.

Gerne wollte ich Dir mein Morgenlob singen,
einstimmen in die alten Hymnen früherer Zeiten.

> Doch in meinem Kopf brummt ein Bass.
> Jede Zelle in mir sagt: „Nein!" – so sie's schon kann.

Sei's drum. Dann bin eben wie die Eulen.
Und lobe Dich auf ihre Weise.

> In der Dämmerung, wenn ihr Flug beginnt.
> Mit Phantasien zur Nacht und Denken im Dunkeln.

In Gesprächen, Gebeten, Begegnung mit Geistern.
Und der Klarheit der Stille, wenn alles andere schläft.

> Doch das Wunder des Morgens – Dank dafür! –
> will ich den anderen gönnen.

ANMERKUNGEN

Bei den Quellenangaben habe ich versucht, möglichst leicht zugängliche Nachschlageorte im Internet anzugeben. Bibelstellen werden zitiert nach: EKD (Hg.), Die Bibel. Nach Martin Luthers Übersetzung. Lutherbibel mit Apokryphen, revidiert 2017, Stuttgart 2017.

Die lutherischen Bekenntnisschriften nach: Die Bekenntnisschriften der evangelisch-lutherischen Kirche, herausgegeben im Gedenkjahr der Augsburgischen Konfession 1930, Göttingen [11]1992 (kurz: BSLK).

Abrufdatum aller angegebenen Internetquellen ist Juni 2020.

[1] Vgl. Schmalkaldische Artikel III,4: „per mutuum colloquium et consolationem fratrum" (BSLK, S. 449, Z. 12f. bzw. Z. 28).

[2] Vgl. www.wikipedia.org/wiki/Quarantäne.

[3] Vgl. die Liste von Epidemien und Pandemien: www.wikipedia.org/wiki/Liste_von_Epidemien_und_Pandemien.

[4] Vgl. www.wikipedia.org/ wiki/Pandemie sowie dort die Verweise zu den einzelnen Seuchen.

[5] Vgl. zum Folgenden den Artikel www.wikipedia.org/wiki/Pest.

[6] Vgl. www.wikipedia.org/wiki/Judenverfolgungen_zur_ Zeit_des_Schwarzen_Todes.

[7] Vgl. www.wikipedia.org/wiki/Decamerone.

[8] Vgl. Evangelisches Gesangbuch (EG), 83: Ein Lämmlein geht und trägt die Schuld, Strophe 6.

[9] Vgl. Uta Pohl-Patalong, Bibliolog. Impulse für Gottesdienst, Gemeinde und Schule. Band 1: Grundformen; Stuttgart [2]2010; Band 2: Aufbauformen, Stuttgart 2009.

[10] Vgl. Viktor E. Frankl, Der unbewußte Gott. Psychotherapie und Religion, dtv 35038, München [14]2017, S. 100.

[11] Vgl. www.wikipedia.org/wiki/Lagerkoller.

[12] Vgl. Jean-Paul Satre, Geschlossene Gesellschaft. Stück in einem Akt, übersetzt von Traugott König, Gesammelte Werke in Einzelausgaben, Theaterstücke, Bd. 3, Reinbek bei Hamburg [50]2012, S. 61.

[13] Vgl. Michael Welker, Erbarmen und soziale Identität. Zur Neuformulierung der Lehre von Gesetz und Evangelium II, in: Evangelische Kommentare 19, 1986, 39–42.

[14] Vgl. Henning Luther, Frech achtet die Liebe das Kleine. Biblische Texte in Szene setzen. Spätmoderne Predigten, Stuttgart 2007.

[15] Vgl. www.wikipedia.org/wiki/Lagerkoller.

[16] Vgl. den dazugehörigen Artikel auf www.redensarten-index.de.

[17] Vgl. Max Horkheimer, Kritische Theorie, Bd. 1, Frankfurt a.M. 1968, S. 372.

[18] Vgl. zu der Unterscheidung ausführlich Ingolf Ulrich Dalferth, Leiden und Böses. Vom schwierigen Umgang mit Widersinnigem, Leipzig [2]2007, S. 11–41.

[19] Vgl. Gottfried Wilhelm Leibniz, Versuche in der Theodicée über die Güte Gottes, die Freiheit des Menschen und den Ursprung des Übels, Philosophische Bibliothek Bd. 499, Hamburg 1996.

[20] Vgl. zum Folgenden Ingolf Ulrich Dalferth, Leiden und Böses. Vom schwierigen Umgang mit Widersinnigem, Leipzig [2]2007.

[21] Vgl. zur Phaeton-Geschichte Ovid, Metamorphosen. Das Buch der Mythen und Verwandlungen. Neu übersetzt und herausgegeben von Gerhard Fink, Zürich/München [4]1994, Metamorphosen II, 1–313, S. 33–43.

[22] Vgl. Holm Tetens, Gott denken. Ein Versuch über rationale Theologie, Stuttgart 2015.

[23] Vgl. www.wikipedia.org/wiki/Ockhams_Rasiermesser.

[24] So Martin Luther in der Auslegung des dritten Artikels des Glaubensbekenntnisses im Kleinen Katechismus, vgl. BSLK S. 511, Z. 45 – S. 512, Z. 1.

[25] Vgl. BSLK, S. 25.

[26] Vgl. BSLK, S. 25.

[27] Vgl. Ingeborg Bachmann, Simultan. Erzählungen, München 1972.

[28] Vgl. zu dem Werk und der Initiative www.ekhn-kunstinitiative.de

[29] Vgl. Fernseh-Ansprache zur Corona-Pandemie, Schloss Bellevue, 11. April 2020, abrufbar unter www.bundespraesident.de.

[30] Vgl. www.evangelische-akademie.de/kalender/alles-im-fluss.

[31] Vgl. Europakonzert der Berliner Philharmoniker, Berlin, 1. Mai 2020, abrufbar unter www.bundespraesident.de.

[32] S.o. Endnote 8.

Thorsten Latzel

TROTZDEM
Von der geistlichen Kraft zum Widerstand
in einer verrückten Welt

Theologische Impulse 1

Band 1 der Theologischen Impulse:

TROTZDEM. Von der geistlichen Kraft zum Widerstand in einer verrückten Welt (BoD-Verlag, 156 Seiten, 9,99 €)

Wenn ich nur ein Wort hätte,
- *um meinen Glauben in dieser Welt zu beschreiben,*
- *die Kraft zum Widerstand gegen Unrecht, Hass, Lüge, Gewalt*
- *die Hoffnung darauf, dass die Liebe am Ende wirklich siegen wird,*

dann wäre dies das kleine Wörtchen „trotzdem".
„Trotzdem" – das steht für die tiefe innere Freiheit,
sich nicht von außen bestimmen zu lassen.

Das Buch ist ein Experiment für eine andere Sprache,
um sich selbst, das Leben und Gott neu zu verstehen.
Es bietet 24 Impulse – persönlich, theologisch, kreativ –,
u.a. zu Nachtdämonen, Baumheiligen, Regenschirmen,
Gelassenheit, politischer Empörung und dazu,
warum man Gott nicht so schnell verstehen sollte.

Band 2 der Theologischen Impulse:

RISSE. Vom schönen, verletzlichen und widersprüchlichen Leben (BoD-Verlag, 152 Seiten, 9,99 €)

„There's a crack, a crack in everything.
That's how the light gets in."
(Leonard Cohen, Anthem)

Die 22 Essays in diesem Buch beschäftigen sich mit
der wundervollen Schönheit, der tiefen Verletzlichkeit und
der Widersprüchlichkeit menschlichen Lebens.
Und damit, wie oftmals gerade in den Rissen etwas von einer anderen Wahrheit sichtbar wird.
In ihnen geht es etwa um die Berufung des stotternden Mose, zitternde Hände, die Kunst des Radfahrens, Liebe in Zeiten des Alltags, morgendliche Suchfragen oder das wichtige Wörtlein „vielleicht".

Dr. Thorsten Latzel, geb. 1970 in Biedenkopf, war Vikar in Rodenbach und Pfarrer in Erlensee bei Hanau. Von 2005 bis 2012 war er als Oberkirchenrat der EKD für Struktur-/Planungsfragen zuständig und leitete dort das Projektbüro im Reformprozess. Seit 2013 ist er Direktor der Evangelischen Akademie Frankfurt. Thorsten Latzel ist verheiratet, hat drei Kinder und lebt in Darmstadt.